陕西学前师范学院规划教材建设项目成果（项目编号：17JC04）；陕西省教育厅项目阶段成果（21JP028）；陕西学前师范学院2022年度校级一流本科课程（教育统计与测量线上线下混合式课程）实践成果

# 教育信息化理论及创新实践

高 洁／著

吉林大学出版社

·长 春·

图书在版编目（CIP）数据

教育信息化理论及创新实践/高洁著.—长春：吉林大学出版社，2023.7

ISBN 978-7-5768-1980-9

Ⅰ.①教… Ⅱ.①高… Ⅲ.①教育工作-信息化-研究-中国 Ⅳ.①G52

中国国家版本馆CIP数据核字（2023）第149768号

| 书　　名 | 教育信息化理论及创新实践 |
|---|---|
|  | JIAOYU XINXIHUA LILUN JI CHUANGXIN SHIJIAN |
| 作　　者 | 高　洁 |
| 策划编辑 | 樊俊恒 |
| 责任编辑 | 王宁宁 |
| 责任校对 | 樊俊恒 |
| 装帧设计 | 马静静 |
| 出版发行 | 吉林大学出版社 |
| 社　　址 | 长春市人民大街4059号 |
| 邮政编码 | 130021 |
| 发行电话 | 0431-89580036/58 |
| 网　　址 | http://www.jlup.com.cn |
| 电子邮箱 | jldxcbs@sina.com |
| 印　　刷 | 北京亚吉飞数码科技有限公司 |
| 开　　本 | 787mm×1092mm　1/16 |
| 印　　张 | 12.75 |
| 字　　数 | 200千字 |
| 版　　次 | 2025年1月　第1版 |
| 印　　次 | 2025年1月　第1次 |
| 书　　号 | ISBN 978-7-5768-1980-9 |
| 定　　价 | 75.00元 |

版权所有　翻印必究

# 前　言

现代教育信息化是在全球信息化的大背景下产生的,信息技术是当今世界创新速度最快、通用性最广、渗透力最强的科学技术之一,也是对人类生产生活方式影响最为深刻、对世界文明影响最为深远的科学技术之一。

我国对现代教育信息化一直十分重视。《国家中长期教育改革和发展规划纲要(2010—2020年)》专设一章阐述现代教育信息化,将其列为十个重大发展项目之一。教育部颁布的《教育信息化十年发展规划(2011—2020年)》中明确提出"高等教育信息化是促进高等教育改革创新和提高质量的有效途径,是教育信息化发展的创新前沿。进一步加强基础设施和信息资源建设,重点推进信息技术与高等教育的深度融合,促进教育内容、教学手段和方法现代化,创新人才培养、科研组织和社会服务模式,推动文化传承创新,促进高等教育质量全面提高"。

在教育信息化2.0时代,如何更好地顺应教育信息化发展趋势,重新审视新时期教育教学的发展,并在教育教学实践中科学运用信息技术以不断优化与完善教学值得深思。基于此,特撰写本书,旨在探索教育信息化背景下教学技术的创新与应用。

本书共有八章,各章内容安排如下:第一章是教育信息化的基本理论阐述,论述了信息化社会特征及变革、教育信息化2.0的时代内涵以及教育信息化的发展问题,这些为下文深入探讨教育信息化的教育、教师、技术等做了必要的铺垫;第二章研究的是教育信息化理论基础,主要论述了信息化环境下的教学理论、教育信息技术环境研究以及信息化环境下的教师专业发展研究;第三章阐述了远程教育的内涵与基本原理、远程教育的教学系统与课程开发、远程教育的管理与评价、远程教育中云计算的应用;第四章、第五章分别阐述了数字化学习环境和数字化学习资源的理论与应用;第六章至第八章重点论述了教育信息化的重要创新——信息技术与课程整合、翻转课堂与移动学习、智慧教育。

本书集学术性与实用性于一体,在撰写过程中还突出了以下特点。

(1)立足学科视角,重视新技术、新资源在教学中的应用。本书从改善教学质量与效率的视角出发,依据一定的教学原则,对教育信息化下的教育创新——信息技术与课程整合、翻转课堂与移动学习、智慧教育等新型教学方式进行了探索。

(2)理论联系实际,强调教师信息化教育技术能力的培养。本书不仅对教育信息化的理论进行了阐述,对远程教育、数字化学习环境、数字化学习资源进行了研究,还结合案例进行分析和讲解,令读者易懂、易用,易于提升其教育技术能力。

本书在撰写过程中参考了教育信息化方面的相关著作,也对国内外大量的研究成果进行了参阅、吸收和采纳,由此获得了丰富的研究资源。在此,向这些学者致以诚挚的谢意。由于作者时间、水平与精力有限,本书难免存在一些不足之处,恳请广大读者批评指正。

陕西学前师范学院　高洁<br>
2022 年 7 月

# 目 录

第一章 教育信息化的基本理论阐述 ················ 1
  第一节 信息化社会特征及变革 ················ 1
  第二节 教育信息化 2.0 的时代内涵 ················ 7
  第三节 教育信息化的发展问题 ················ 16

第二章 教育信息化理论基础 ················ 27
  第一节 信息化环境下的教学理论 ················ 27
  第二节 教育信息技术环境研究 ················ 36
  第三节 信息化环境下的教师专业发展研究 ················ 51

第三章 远程教育研究 ················ 63
  第一节 远程教育的内涵与基本原理 ················ 63
  第二节 远程教育的教学系统与课程开发 ················ 64
  第三节 远程教育的管理与评价 ················ 69
  第四节 远程教育中云计算的应用 ················ 79

第四章 数字化学习环境建设 ················ 81
  第一节 数字化学习环境概述 ················ 81
  第二节 数字化学习环境的技术基础 ················ 83
  第三节 数字化学习环境的设计 ················ 85

第五章 数字化学习资源建设 ················ 86
  第一节 数字化学习资源与教育创新 ················ 86
  第二节 数字化学习资源的设计 ················ 91
  第三节 数字化学习资源的开发 ················ 99
  第四节 数字化学习资源的应用 ················ 103

## 第六章 教育信息化的重要创新之信息技术与课程整合 …… 109
### 第一节 信息技术与课程整合概述 …… 109
### 第二节 信息技术与课程整合的理论基础 …… 115
### 第三节 信息技术与课程整合的模式及案例分析 …… 119
### 第四节 信息技术与课程整合的新发展 …… 136

## 第七章 教育信息化的重要创新之翻转课堂与移动学习 …… 151
### 第一节 翻转课堂的概况 …… 151
### 第二节 翻转课堂的效果分析 …… 158
### 第三节 反思翻转课堂 …… 160
### 第四节 翻转课堂在实践中的问题分析 …… 162
### 第五节 移动学习应用研究 …… 163

## 第八章 教育信息化的重要创新之智慧教育研究 …… 168
### 第一节 智慧教育概述 …… 168
### 第二节 智慧校园与智慧图书馆 …… 171
### 第三节 智慧教室与智慧实验室 …… 184

## 参考文献 …… 191

# 第一章　教育信息化的基本理论阐述

当教育技术发展到一定的阶段后,就会形成一门专门研究教育技术现象与规律的学科——教育技术学。教育技术学是在教育学、认知心理学、教育传播学、系统科学、媒体技术等理论的指导下,研究如何在教育中应用各种教育技术学以提高教育质量的一门学科,是综合强调理论指导实践的一门新兴学科,是教育学领域中专门用来研究如何利用技术提高教学质量的二级应用学科。

现代教育技术科学体系的迅速崛起是现代教育科学发展中引人注目的成就之一,教育技术学是现代教育科学发展的重要成果,教育技术的应用是教育现代化的重要标志之一。随着媒体技术的不断发展,在现代科学方法论的影响下,教育技术已成为一门独立的学科体系。

## 第一节　信息化社会特征及变革

### 一、什么是信息化

(一)信息化概念的由来

信息技术是现代科技的重要组成部分,其从 20 世纪 80 年代开始就给人类的生活方式带来了巨大的影响。我国还未进入完全的工业化时代,但已经迎来了信息化时代,这也是我国现代化发展的重要成果。信息技术进入人们的生活,使人际往来的时空限制被打破,各国、各民族、各地区甚至各个角落都因为信息技术的出现而联系得越来越紧密,也正因为信息技术的出现,全球人民共建"地球村"的美好愿景一步步实现。各国借助信息化手段相互联系,友好往来,各种不同的价值理念、民族文化相互交流与融合。可见,信息技术产生与发展的意义不是简单地停留在传播工具的更替和现代传媒技术的发展上,它成为人类对网络社会加以构筑的重要基础,改变了人们的价值观念,也使得人类的思维方式和生活方式都发生了重大的改变。

20世纪60年代是"信息化"概念最早出现的时间,当时由日本科技研究人员提出"johoka"一词,该词被解释为信息化。最初提出信息化时,人们将其理解为信息产业化,而社会信息化被视作信息产业化的目标。日本学者后来又对"信息化"的含义做了详细的解释,并指出构建社会信息化的宏伟目标,而当信息产业在社会中居于支配地位,产生巨大的社会影响力时,才算真正进入了信息社会。后来有关学者又深入研究了信息化的相关概念,如信息革命、信息社会等名词,这些研究提高了人们对信息化的认识,并对进一步研究信息化概念具有重要启示意义。

(二)不同角度下信息化概念的代表性观点

下面从不同角度分析学者们对信息化概念的研究观点。

1. 社会文明变迁视角下的信息化

信息化是使人类以更快更便捷的方式获得并传递人类创造的一切文明成果,以便能更有效地创造一个多种文明共存共荣的新文明。

2. 经济视角下的信息化

信息化是向信息社会前进的动态过程,它反映了可触摸的有形物质产品起主导作用向难以触摸的信息产品起主导作用的根本性转变。它强调信息产业的长足发展。

3. 现代信息技术应用视角下的信息化

信息技术在通信、网络管理和计算机利用中正走向一种"趋同状态",当今世界工业标准的发展与使用,以及电信管制在世界范围内的日益增长是信息化的根本标志。这种观点认为信息化的基础就是电子技术、通信技术、计算机技术的发展和应用。

4. 文化视角下的信息化

信息化是由现代信息技术的发展和广泛应用引起并推动的,人类社会及其文化是一个由工业社会向信息社会转型的变革过程。信息化的本质在于:它是由现代信息技术革命引发的一次新的社会结构和文化的变革。

上面对信息化概念的研究观点主要是从产业基础、社会意义、技术特征等视角出发而提出的,有的学者认为信息化就是将信息技术利用起来而促进信息经济增值与发展的过程;有的学者认为信息化是社会文化发展到一定阶段的产物,是文化进入全新发展阶段的过程;还有的学者认为信息化是一种新的社会格局、经济格局,它是相对于工业化而言的。总之,信息化具有重要的社会意义和文化意义,信息化的发展促进了社会结构的优化,使人们的生产生活方式、就业方式、消费方式等发生了翻天覆地的变化,它的意义不仅表现在技术领域、传播领域、经济领域,更在社会生活的各个方面全方位渗透,是社会变革的伟大成果,是人类文明发展的重要成就,我们要高度重视信息化的经济意义、社会意义以及文化意义。

## 二、什么是信息化社会

从 20 世纪中期开始,人类又开始创造一个崭新的社会形态,即被越来越多的国家和人士所承认的信息化社会。信息化社会是以信息为社会发展的基本动力,以信息技术为实现信息化社会发展的手段,以信息经济为维系社会存在和发展的主导经济,以信息文化改变着人类教育、生活和工作方式以及价值观念和时空观念的新兴社会形态。

## 三、信息化社会的特征

(一)信息传播数量多

全球化时代的到来使得知识、信息的传播不仅数量多而且速度快,而进入信息化社会后,这一数量变得更多,信息的爆炸与饱和已经成为人们必须面对的客观现实。随着信息大量传播,人们从多个视角理解信息,从而促进了人类价值观念、思维方式的多元化发展。

(二)信息传播速度更快

信息化社会背景下,信息传播不仅海量,而且速度飞快,信息的飞速传播使得全世界的重要新闻在第一时间被各国人民知晓,人类进入了信息全球化时代。世界各国、各民族的信息在全球范围内加速传播,五花八门的信息在人类共建的"地球村"中相互整合、交会,被世界各地的人们传播、分享、评价。人类是生产信息的主体,也是对信息予以接收和消费的受众,现代传播媒介越来越多样化、越来越发达,同一信息可能同时传播到世界各地,被世界人民共享,具有鲜明的即时性特征,而且如此飞快地传播也保留了信息的原貌。

人类传播信息、进行信息交流与互动的速度越来越快,大众传播媒体如电视、广播等的发明与流行使人们能够快速掌握世界各地的信息,计算机网络的出现为人们的远程交流与互动提供了良好的平台,人类的时空距离正在被缩小。

(三)人类生存空间的网络化

人类的时空距离因为信息技术的出现而不断缩小,互联网的出现使得距离限制被打破,人们可以随时随地进行远程交流。网络使得人们过上了更加自由的生活,网络已经成为人们生活中不可缺少的一部分,人类的生存生活空间因网络的出现而得到了拓展。

(四)人类的交往方式多元化、交往空间扩大化

当前,世界经济格局、经济增长方式因信息技术的发展而彻底发生了改变。网络经济社会正是因为信息技术革命才形成的。人类的交往方式受到了信息化的重要影响。信息技术的革新使人与人之间进行着越来越便捷的交往,基于信息技术而形成的交往方式比传统交往方式更多元化、高效化。信息技术的发展也促进了很多社交软件的产生,如脸书、微博、微信等,这些交往软件有很大的自由性,而且具有即时性,人们时时刻刻都能在第一时间将自己的最新动态分享在平台上。

全球化、电子化、智能化、非群体化等是信息化的重要属性,正因如此,全球性、虚拟性、开放性和交互性等成为人们在信息化社会交往方式的典型特点,人际交往空间也因此一步步扩大。

## 四、信息化时代的教育变革

信息化时代的教育变革主要体现在以下几个方面。

### (一)教育观念

教育观念是对一系列教育问题的基本认识与看法,如教育体制、教育内容和方法、教育结构等。在特定政治、经济和文化背景下形成的教育观念能够将当下社会群体的意愿反映出来。

教育观念在信息化时代发生了变革,对人才培养具有导向作用的教育观念发生变革后,信息化时代人才培养也发生了一定的变化,要求重新审视人才的素质结构,提出新的人才要求,而且新的要求与素质结构要与信息技术有关,结合信息技术提出对现代人才知识、情感、能力、态度等方面的培养要求。有关报告指出,信息化时代培养人才重点要包含以下几方面的素养或技能。

(1)传播技能。

(2)团队协作与组织能力。

(3)革新与创新能力。

(4)视觉素养。

(5)信息管理能力。

(6)信息技术素养。

(7)知识开发与管理能力。

(8)问题解决能力。

(9)决策能力。

(10)经营才智能力。

要全面培养学生的以上素养与能力,就要全面贯彻素质教育理念,主张全面发展、可持续发展和个性化发展。这就要求在信息化教育中培养每个独立个体的全面素质,充分发挥学生的主体性,培育学生的独立人格。要做到这一点,首先要改变传统教育观念,尤其是侧重结果、侧重书本知识的教育观念,在传授知识的同时培育学生的人格品质、情感技能和科学态度,注重过程评价和情感、态度、价值观评价,改变以往将教育结果作为评价重心的弊端。转变教育观念的宗旨是促进学生全面协调发展,在科学教育观的指导下要培养学生的自主学习能力,使其在学习中不断提高独立思考能力、反思能力、信息加工处理能力以及解决问题的能力。

（二）学习方式

学生在学习活动中表现出来的学习方式是其诸多心理因素的总和,包括学习态度、学习意识、学习品质、学习习惯等,这些都具有相对稳定性。信息化时代,教育观念的转变对学生的学习方式也提出了一些新的要求,要求学生在自主学习中灵活应用信息技术,依托信息技术变革学习方式方法,学习上不应再被动,而要主动学习,并能独立探究,与他人合作或共同探究,使学生保持高度的学习热情和积极的学习态度,从而在有效地学习中产生良好的认知体验和情感体验,形成良好的学习习惯。

在传统教育模式下,学生缺乏自主学习的意识与动力,学习被动,且方式单一,学生主要通过课堂学习和阅读教材来获取知识,学习时间集中在课堂上,学习空间也以教室为主,时空的局限性限制了学生获取新知识的渠道,而随着信息技术与课程的整合,学生获取新知识的渠道从线下拓展到线上,线上和线下相结合能够获取更多即时的、有用的信息,也能使学生掌握更加个性化、多元化的学习方式。具体来说,信息化时代学习方式的变革主要从以下两个方面体现出来。

一方面,学生使用丰富多样的学习媒介来学习和掌握知识,获取知识的渠道更多、更快、更方便。

另一方面,学生可以与多个学习伙伴共同学习,除了与教师、同学合作、交流、探讨外,又多了机器人这个新的学习伙伴。随着信息技术智能化、数字化水平的提升,学生的学习中多了机器人这样一个新的"朋友",对学生来说,它不只是能够启发智慧的学习工具,还是创设学习情境的重要工具,更是非常重要的学习伙伴。多重角色并重足以说明机器人在学生学习生活中的重要性,它的加入使学生能够更加积极主动地学习,而且也增加了学习过程的趣味性。

### (三)师生角色

信息化时代的到来使教育教学发生了翻天覆地的变化,也要求教师与学生适应新时代的要求,积极转变自身角色,实现成功转型。其实,在信息技术与课程整合的过程中,部分教师就开始有意识地转变自身角色,主要表现为从以传授和灌输知识为主体转变为以开发课程、意义建构、资源开发利用、学术研究为主体,并成为学生学习的合作者,同时教师自身也是独立的学习者,教师角色的这些转变非常必要。

在信息化时代,不仅教师要转变自身的角色,学生角色的转变也很重要。学生要从以被动接受知识为主体转变为主动学习者,在学习过程中善于反思、创设情境、与他人交流与协作,并要掌握信息化辅助学习工具的使用方法,能够自己制作媒体课件,从而为完成知识的建构和信息的获取提供便利。学生还要尝试向学习共同体的转变,其间必然离不开对CC(计算机会议)、CSCW(计算机支持的协同工作)等社会交流媒介的使用。形成学习共同体后,学生要在协作交流中不断学习和进步,而协作交流的对象除了同学、教师外,还包括教育学家及其他相关领域的专家、实践者等。

信息科技的发展对人们的生活、工作与学习产生了直接或间接的影响,对教育的影响尤其显著。在科技变革之际,以传播知识文化为重任的教育活动肩负的责任越来越大,因此,必须加强信息化时代的教育变革,以崭新的状态推动社会发展,引领未来。

## 第二节 教育信息化 2.0 的时代内涵

### 一、教育信息化的基本理论

信息化给教育带来的影响可以说是革命性的。一个国家现代化教育发展水平是由教育信息化水平所衡量的。教育信息化的重要性已经得到了全世界的认可和关注,教育现代化发展离不开教育信息化的推动,教育信息化的革命是全球性的,这场革命在世界各国被点燃,如火如荼、声势浩大。教育信息化对教育的影响遍及学校教育、家庭教育、社会教育等各个教育领域,对高等教育的影响尤为明显。因此,对教育信息化进行研究具有重要意义。下面简单阐释与分析教育信息化的概念、内涵、组成要素以及主要特征。

(一)教育信息化的概念

不同学者对教育信息化概念的界定五花八门,目前还没有统一,下面仅阐述几个具有代表性的观点。

1. 观点一

教育信息化是指在教育领域全面深入地运用以多媒体计算机与网络通信技术为基础的信息技术,促进教育改革和现代化的过程。

2. 观点二

教育信息化是指在教育领域全面深入地运用现代化信息技术来促进教育改革和教育发展的过程。

3. 观点三

教育信息化是指在教育中普遍运用现代信息技术开发教育资源,优化教育过程,以培养和提高学生的信息素养,促进教育现代化的过程。

综上所述,大多数学者坚持教育信息化的"过程说",综合多名学者的观点,这里对教育信息化的概念做如下界定:教育信息化是将信息作为教育系统的一种基本构成要素,以先进的教育理念为指导,在教育教学、教育科研和教育管理等领域全面深入地运用以计算机、多媒体和网络通信为基础的现代信息技术,不断开发优质教育资源,培养适应时代发展要求的具有现代信息素养的创新型人才,实现信息技术与教育的深度融合,加速推进教育现代化的历史过程。

## （二）教育信息化的内涵

下面从几个方面来理解教育信息化的内涵。

第一，教育信息化发展的最终目的是促进教育现代化。

第二，教育信息化的应用与推广主要面向教育教学、教育科研和教育管理等各大教育领域。

第三，教育信息化在教育教学、教育科研和教育管理等领域中的应用与推广包括信息与信息技术两大方面。

第四，教育信息化强调在整个教育领域应用与推广信息与信息技术的同时，必须以教学领域为重点。

第五，现代信息技术的不断发展是教育信息化前进的内驱力。

第六，教育信息化是动态发展的，而非一蹴而就的。

## （三）教育信息化的要素

教育信息化的组成要素及其在教育信息化发展中的重要地位或作用见表1-1。

表1-1 教育信息化的要素

| 组成要素 | 地位或重要性 |
| --- | --- |
| 教育信息化人才 | 直接目的 |
| 教育信息网络 | 前提条件 |
| 现代信息技术 | 技术支撑 |
| 教育信息资源 | 发展重点和核心 |
| 教育信息产业 | 重要保障 |

## （四）教育信息化的特征

社会现代化发展离不开教育，要实现社会现代化，先要促进教育现代化，而教育信息化正有力支撑着教育现代化的发展，推动教育现代化进程。教育信息化兼具教育属性和信息技术属性，具有双重属性。从不同的属性出发，教育信息化具有不同的特征，见表1-2。

表 1-2　教育信息化的特征

| 属性 | 基本特征 |
| --- | --- |
| 教育属性 | 全球化（教育资源） |
|  | 多媒体化（教育内容） |
|  | 自主化（学习方式） |
|  | 个性化（教育方式） |
|  | 虚拟化（教育环境） |
|  | 互动化（教育活动） |
| 信息技术属性 | 多媒体化（教育现象多样化、复杂化、虚拟化） |
|  | 数字化（教育信息系统性能有保障） |
|  | 网络化（获取教育资源便捷，实现教育资源共享） |
|  | 智能化（教育行为人性化、人机通信自然化） |

（五）教育信息化的内容

综上分析，我们归纳出如下几点。

第一，教育信息化的前提是环境的完善和教育资源的建设。

第二，教育信息化的过程是将信息技术作为工具应用于教育中。

第三，教育信息化的目的是实现信息技术型人才的培养。

这些说法都对，但都侧重在手段方法上，没有贴近教育的本质。教育的本质意义在于培养完整的人，应该是对人本身的一种完善，是人从不完善走向文明、完善的一个过程。培养文明、杰出的人是教育的终极目标。简单地说，教育就是"成人"的过程，或者说是人为的积极意义上的"成人"过程。教育信息化是教育的产物，这就注定它必然要符合教育"成人"的意义，否则，所有的工具、手段、过程都将毫无意义。

本书认为，教育信息化的内容是：利用包括教育信息环境的完善、教育资源的建设与使用，以及师资信息化素养培养在内的多种信息技术在教育中的综合应用来培养适应信息时代发展的人才的理论、工具、方法及过程的总和。

## 二、教育信息化 2.0 的多维度解读

回顾我国前 40 年的教育信息化建设,其发展基本遵循"基础建设＋设备配套＋应用探索"的方式,这个阶段大致可称为教育信息化 1.0 时代。当然也有学者称 20 世纪 90 年代至 21 世纪初为教育信息化 1.0 时代。2018 年 4 月,教育部发布《教育信息化 2.0 行动计划》,标志着我国正式迈向教育信息化 2.0 阶段。

在我国偏远地区有几百万名学生因为没有足够的师资资源而无法顺利上课,师资不足成为制约偏远地区学校教育教学发展的主要因素。但随着信息技术的不断发展及其在教育教学中的广泛应用,这一现状得到了一定程度的改善,这表明我国走教育信息化之路之后取得了一定的成果,而且教育信息化应用水平还会随着现代教育技术的不断发展以及学校教育教学的深入改革而进一步提高,甚至对国内国外教学都产生重大影响。我国在教育信息化的改革与发展道路上,结合我国现阶段的国情,致力于对中国特色社会主义教育教学信息化的路径加以探索,实现信息技术与各学科教学的多元化和深层次的融合,大量实践表明我国的教育改革走信息化之路是正确的。

现阶段,我国有关部门正在进行对指引与促进教育现代化发展的相关文件的研究与制定,以便在科学理论和理念的指引下全面部署未来教育路线,做好宏观规划,更有目的性、方向性地开展教育工作,最终实现教育强国的战略目标。

在信息社会,教育治理离不开对信息技术手段的应用,将现代信息技术融入教育改革与治理中,构建教育信息化的改革与治理模式,在教育服务、教育教学过程以及教育管理中充分使用现代科技手段,尤其是现代教育技术,有利于促进教育信息化的可持续发展,进一步突出教育的人本性、平等性、开放性。

从教育信息化的发展历史来看,我们既能从宏观上把握其总体发展方向,又能总结出其在不同阶段的发展特征与态势,这表明教育信息化的发展既是宏观的,也是阶段性的,每个阶段的发展都会对其宏观的发展产生重要影响。为了对教育信息化 2.0 发展有更加深刻的认识与理解,我们需要从宏观、中观和微观三个维度来对其发展变迁进行探讨。

(一)宏观维度:从基本应用向融合创新的转变

在教育信息化发展早期,主要是在学科教学中采用信息技术手段,促进信息技术与课程的整合,尤其是与课程实施过程也就是教学过程的整合。随着现代信息技术的不断发展及教育教学的深入改革,信息技术的课程与教学逐渐从表层的整合向深层的融合过渡,强调在教和学的过程中,教育方法、教育策略以及教育模式等应在信息技术的支撑与引领下获得更好的创新、应用。信息技术与教育从整合到融合、从表层联系到深入渗透,这充分体现了信息技术教育应用的发展与飞跃,也从侧面充分体现了教育信息化从 1.0 阶段到 2.0 阶段的发展趋势。

在教育信息化 1.0 阶段,信息技术在教育教学中的应用是我国推进教育信息化发展的主要方向,强调教师要在学校教育中经常使用信息技术,使之成为普遍性的教学手段。而在教育信息化 2.0 阶段,随着信息技术与教育的深度融合,更强调在教育教学的改革与创新中信息技术所起的作用和发挥的功能,所以在教育信息化 2.0 阶段,"创新"是关键。

有学者指出,区分教育信息化处于 1.0 阶段还是 2.0 阶段,要以教育与信息技术是整合还是融合为标志,或者说要以教育信息技术融合的程度与深度作为标志来判断和区分。在教育信息化 1.0 阶段,教育与信息技术的融合不够深入,主要解决了一些关于基础设施的问题,而教师素质、教学观念等没有明显转变,很多学校和教师都是被动使用信息技术进行教学,或者说为了创新而创新,而不是真正从内心深处接受信息技术或认可信息技术。而在教育信息化 2.0 阶段,教育与信息技术实现了深入融合,除了基础教学设施得到了改善,教学观念也在更新,教师的业务能力尤其是信息化教学素养不断提升,学生的信息化学习能力也有了进步,教师与学生普遍能够主动寻求信息化教学手段来解决教授与学习过程中遇到的问题,能够主动拥抱信息技术,而不是像教育信息化 1.0 阶段那样被动应付。

从宏观视角而言,教育信息化 2.0 时代的到来对学校的教育教学条件和教师的专业素养提出了更高的要求,学校不仅要在教育教学中充分使用信息技术来提高教育教学效率与质量,还要在教学管理中采用信息技术来促进传统教育的改革,为传统教育的创新发展提供引领和动力,更好地实现教育资源的优化配置、校园文化的重塑、教学结构的优化升级以及重要价值的重塑。教育信息化2.0时代强调教育与信息技术的深度融合,在这一基础上实现教育的创新发展,所以说信息时代教育创新与教育和信息技术的融合是不谋而合的。

虽然教育信息化1.0时代就在教育中使用信息技术教学手段,但这一时期信息技术所起的作用主要是促进教育教学方法和手段的改进,只是做了一些简单的"修修补补",更强调通过利用信息技术来改革传统教学手段,促进教学环境的优化和教学方式的变革,但关于教育系统中的重大结构性变革,信息技术尚未起到应有的引领和支撑作用,而这在教育信息化2.0时代逐渐得到了弥补。

(二)中观维度:经验化管理向精准管理的转变

在教育信息化2.0时期,随着信息技术的不断变革和现代教育技术在多学科教学中的深入渗透,有关部门在学校教育管理中为提高管理水平,对人工智能、大数据等现代化技术加以应用,这是国家教育管理公共服务发展的必然要求,也是教育信息化发展到一定阶段的成果。在教育管理中采用信息技术并不是只将其应用到课堂教学工作的开展中,还会利用信息技术来提升教育质量,并为现代化教育管理工作的开展及提高教育管理水平提供基础支撑,如利用信息技术来更好地配置物资资源、调配人力资源、解决传统教育管理的遗留问题等。

总之,在教育信息化2.0阶段,从中观维度上来看,能够使教育管理摆脱经验化管理的困境,实施精准管理,实现教育管理的科学化、精细化和多元化。

1. 科学化管理

传统教育管理存在经验主义、管理决策片面化等问题,经验管理是缺乏科学理论依据和理论支持的,管理之所以出现了经验主义的问题,主要是因为管理技术自身的局限性,导致管理者无法获得大量可靠的数据,所以不得不靠经验进行管理决策。此外,传统教育管理还存在管理决策片面化的问题,主要原因是管理过程中各职能部门缺乏交流、信息分享不及时等。

在教育信息化2.0阶段,教育管理决策经验化、片面化的问题都能够得到解决,管理者从依靠经验管理转变为依据数据进行针对性管理,而且随着信息分享渠道的拓展,管理决策也越来越精准。

2. 精细化管理

传统教育管理中,因为教育教学是动态发展的,所以管理者很难对教育教学的综合情况、动态变化有准确、及时的把握,这既影响了教育管理的动态性,也导致管理决策与管理内容发生时间错位。而在教育信息化2.0时期,随着大数据在教育管理中的不断应用,管理者能够根据数据分析结果来开展具有针对性的管理,如此及时、智能化的管理才会更加精准、有效。

3. 多元化管理

传统的教育管理以行政部门管理为主,管理结构具有封闭性、垄断性特征,管理主体以政府为核心,这种宏观管理模式虽然有利于统筹全局,但也有诸多弊端,会遗漏一些有必要管理但没有管理到的地方。而在教育信息化2.0时代,管理主体多元化,多方利益主体都可以共同参与管理,不同组织机构可以利用互联网平台参与综合评估和管理决策,从而使教育管理更加民主化,进一步满足多方利益主体的需要。

(三)微观维度:对教师的要求从基本技能向信息素养的转变

在教育信息化1.0时代,教师在教育教学中普遍应用信息技术手段,这对教师的信息技术应用能力提出了一定的新要求,并将教师能否熟练运用信息技术进行教学作为评价教师信息化教学能力高低的一项指标。而在教育信息化2.0阶段,不仅要求教师能够熟练灵活地运用信息技术进行教学,还要求通过教师对信息技术的合适使用来实现信息技术与现代教育教学的深层融合。

信息技术在教育教学中能够起到什么作用,达到什么效益,作用发挥的程度如何,效益是大是小,这些在一定程度上都是由教学的引领者和直接实施者——教师自身的信息技术素养所决定的。之所以要整合信息技术与教学,主要是为了转变教学方式,提高教学效果和质量。而转变教学方式与转变教师角色应该是同步的,否则如果只是教学方式发生了转变,但教师不会实施新的教学方式,那么教学方式的转变便毫无实际意义。所以,我们在强调转变教学方式的同时,还要鼓励教师转变其自身角色,从而能够在教学内容传授、教学评价中运用基于信息技术的现代方法与策略来提高信息传播效率,客观评估学生的学习情况,同时能够在日常教学中运用数字化教学策略,提高教学水平。总之,教师角色的变化是教育信息化2.0时代的客观要求,是提高教育水平和育人效果的基本要求。

综上分析可知,从微观层次来看,教育信息化2.0时代对教师的要求从基本技能转向基本信息素养。但是目前我国很多教师的信息技术素养都不够高,一些教师只会用电脑打字、做PPT,而对其他能够被运用到教育教学中的软件或功能则知之甚少。在信息化时代,要加快教育教学的信息化改革,提高信息化教育水平和质量,实现教师角色的转变和信息技术素养的提高,就有必要加强对教师信息技术素养的培养,并将此作为教育现代化发展中的一个核心环节来抓。

### 三、教育信息化2.0的归宿:培养学生的核心素养

教育信息化2.0时代的到来对学校、教师和学生都提出了一定的要求:对学校而言,要加快进行信息化改革,转变教学方式,培养学生的核心素养;对教师来说,要自觉转变角色,提高信息技术教学能力,从而在信息化教学中对学生的核心素养进行培养;对学生来说,要自觉掌握信息技术手段,提高自主学习能力与核心素养。从对学校、教师和学生的要求来看,培养学生的核心素养无疑是教育信息化2.0时代的最终归宿。

在教育信息化背景下培养学生的核心素养,要以正确的价值取向为引导,防止技术理性凌驾于价值理性之上,否则会出现"以技术为本"的问题,与"素质教育"和"以人为本"的教育理念背道而驰。

培养学生的核心素养,将学生培养成为德智体美等各方面素质全面发展的人,使学生不仅文化基础扎实,而且社会参与度高,并能充分自主发展。具体来说,要培养学生的科学精神、人文底蕴、责任意识、创新能力,使学生会学习、会生活,能够为祖国建设和民族振兴做出自己的贡献。而培养学生的核心素养,使学生全面发展,就要围绕培养核心素养的要求加强对教育教学模式、人才培养模式的改革与创新。

一直以来,我国传统教育过分强调对学生知识素养和应试能力的培

养,从而忽视了培养学生的思考能力、实践能力和创新能力,这是我国实践型和创新型人才长期缺乏的一个重要原因。传统教学模式主要表现为单向教学、缺乏反馈、教学内容单一、教学方法陈旧,面对众多学生采取千篇一律的、毫无差异的教学方法,学生学习比较被动,对教师言听计从,缺乏主动创造性。直至现在,教育问题还没有从根本上得到解决,而且随着信息技术在教育教学中的普遍运用,教师单方面使用现代信息技术手段将教学内容灌输给学生。为培养创造性人才,促进培养对象知识素养、能力素养以及综合素质的提升,必须打破传统教学模式的限制,真正利用现代教育技术来培养全面发展的人才,这是教育信息化 2.0 时代教育教学改革和人才培养的基本导向。

总之,实施教育信息化改革,必须强调教育的开放性、适宜性、人本性、平等性和持续性,以先进的教育技术重建教育价值、校园文化,重点培养学生的核心素养,促进学生全面协调发展,满足信息时代社会发展对新型人才的基本需要。

## 第三节 教育信息化的发展问题

### 一、信息化社会对教育的支持与挑战

#### (一)信息化社会对教育的支持

信息化社会,信息技术飞速发展,其在社会各个领域的应用越来越广泛、频繁。教育领域中也越来越注重对信息技术的运用,如计算机教学手段在课堂教学中发挥重要的辅助教学作用,网络教学模式和多媒体教学模式的构建与实施,这些都是信息技术发展给现代教育带来的积极影响,这充分体现了信息技术在很大程度上支持甚至是支撑着教育的发展。信息技术支持教育,主要从计算机技术在教育领域的运用中体现出来。下面从三个方面来说明信息技术对教育的重要意义。

### 1. 提高教学效率

现在有很多网络教育软件成为学校教育教学的重要辅助工具,这些软件的设计与发行有些价格和普通的书籍差不多,在相同教育成本的前提下教学效率却可以大大提高。校园网在学校教育教学中也发挥着重要的作用,为学校教学管理带来了便利。

### 2. 创造良好的教学环境

计算机技术的应用为学校教育教学创造了生动有趣的教学环境,吸引了学生的注意力,提高了师生的教学热情与积极性,改变了枯燥的教学氛围,提高了教学效果。动画、录像、图像等基于计算机软件而设计的教学资源对传播信息具有重要的作用,也为教学中的师生互动提供了便利。

### 3. 丰富教学方式

信息技术如多媒体、计算机以及网络的运用极大地丰富了教学方式,提高了教学信息的传播速度,也使教师与学生处理信息的能力和效率得到了提升。

利用现代信息媒体技术而形成的教学活动方式如图 1-1 所示。

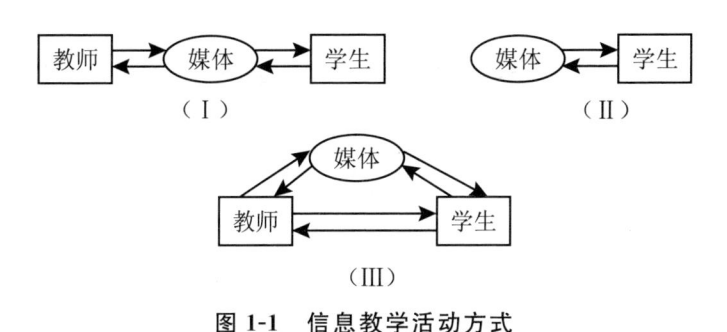

图 1-1 信息教学活动方式

下面简要解释上图中的三种模式。

Ⅰ模式:教师借助媒体手段可以对学生的集体信息与个人信息进行快速、准确的收集。

Ⅱ模式:教师分析收集的信息,从而从学生的实际情况出发而进行针对性和个性化教学。

Ⅲ模式：教师对计算机技术加以应用并组织教学讨论活动，活动的中心是学生，组织者是教师。

综上分析，信息技术给教育带来了非常重要的积极影响，不仅使学校教育方式发生了显著的变化，也使学生的学习方式越来越丰富、多元，而且还深刻影响了现代教育理念、教育方法以及教育模式。我们要抓住信息化时代的重要机遇，利用信息技术提供的便利而搞好教育事业，早日实现教育强国的宏伟目标。

（二）信息化社会对教育的挑战

信息技术的发展一方面给现代教育提供了极大的便利，体现出信息化时代对教育的支持与重要性，另一方面也对教育提出了更高的要求，使教育面临严峻挑战。信息化社会对学校教育的人才培养模式提出了很高的要求，具体体现在以下几方面。

1. 对培养目标的要求

要求学校教育培养全面发展型人才，尤其提出新型人才要有良好的创新素养。

2. 对培养内容的要求

要求给学生传授学习的方法，使学生能够采用适合自己的方法而进行自主学习，使学生能够积极主动地以正确的方式和渠道获取新知识，巩固旧知识，提高学生的自主学习能力和效率，不能一味将大量知识灌输给学生，使学生被动学习。

3. 对培养方法的要求

要求突破时空限制而设计科学有效、丰富多彩、灵活可调整的教学方法，创造对学生学习各个学科知识都有普遍适用性的教学方法，教学方法要体现终身教育理念、全面教育理念。

我国传统教学模式和人才培养模式下的育人环境是被动的，学生缺少主动学习与探索的意识和能力，学生掌握的社会信息、国际信息很少，他们主动或被动与外界信息隔绝,所以学生的信息素养相对较差。而现代社会需要的是全面发展的新型人才,对人才的信息素养提出了一定的要求,所以学校应注重对学生信息素养的培养,重点培养学生的信息接收能力、理解能力、处理能力和创造能力,使学生在丰富多彩的校内外交流活动中塑造良好的信息素养。

## 二、教育技术走向信息化的发展阶段

在教育实践中人们所采用的一些有形工具、手段或无形的实践经验、方法技能等总称为教育技术。这是从技术层面对教育技术所做的解释。教育技术有有形和无形之分。

有形的教育技术:各种教具、实验器材、媒体等在教育实践中采用的这些有形载体都是有形的教育技术。在教育技术结构体系中以有形的教育技术为基本依托。

无形的教育技术:教育教学过程中采用的各种能够使教育教学问题得以解决的方法、策略、技巧等都属于无形的教育技术。具体来说,教学过程的设计策略、多媒体教学策略、多媒体课件设计方法等都属于这一类型。在教育技术体系中,无形的教育技术是灵魂般的存在。

了解有形的教育技术和无形的教育技术后,我们认为教育中的技术即教育技术不只是用来解决简单的教育问题,或单纯用来解决技术问题,而是在对教育教学规律加以遵循的基础上,依托有形技术和无形技术来同时解决教育教学本身的问题以及教学中的技术问题,或者说与教育教学有关的问题都可以选择通过教育技术来解决。

我国教育技术走向信息化大致经历了下列几个阶段。

### (一)电化教育阶段

电化教育是教育技术在产生初期的一种说法。20世纪20年代,电化教育诞生,其进入课堂是在20世纪30年代,最初主要在经济比较发达的城市的学校使用。但因为这一时期全国的科技、经济和文化教育等总体处于落后发展状态,尚不具备大范围推广的条件,所以电化教育并没有形成普遍规模,其应用领域只是个别学校或教育机关。

20世纪40年代,电化教育相比于之前更加活跃起来,得到了较大规模的应用,有些专业培训机构专门开辟了电化教育这个模块,而且关于电化教育的学术研究越来越多,著作、论文等学术研究成果不断涌现。当时在电化教育应用与推广方面,南京金陵大学做出了重大贡献。在教育领域正式使用"电化教育"一词的标志是这一时期电化教育委员会在南京国民政府教育部的成立。

20世纪50年代,电化教育受到党和国家的高度关注和极大重视,围绕电化教育展开的学术活动形式多样,论文、著作等学术成果层出不穷,这主要得益于中央文化部和教育部的推动。电化教育研究范围的扩大和研究的深入促进了这一时期电化教育的初步发展。初步发展的具体表现如下。

第一,高等学校运用录音、幻灯等电化教育手段进行教学,部分经济发达城市的一些中小学也将电化教育手段运用到课堂教学中,活跃了课堂氛围。

第二,有关机构或单位大批量生产教学唱片、教学幻灯片,外语录音带在高校逐渐流行。

第三,电化教育机构在一些地区成立,电化教育课程也在一些高校纷纷开设。

20世纪六七十年代,我国电化教育步入迅速发展阶段,发展成果显著,主要从以下几方面体现出来。

第一,电化教育局、电化教育组、电化教育馆等组织部门在教育部的支持下成立。

第二,电化教育机构在全国各地,尤其是在高校中陆续出现,电化教育专业队伍不断壮大。

第三,全国远程教育网逐渐形成,其中发挥主要作用的有教育电视台、卫星教育电视等。

第四,高校设置了三个层次的电化教育专业,分别是专科电化教育专业、本科电化教育专业和硕士研究生电化教育专业。

第五,全国各地逐渐兴起的计算机教育奠定了现代教育技术发展的重要基础。

第六,很多高校的电教部门把电教教材建设作为工作的重心,编制了一大批以电视教材为主,包括幻灯片、投影、录音教材在内的电教教材,并将其应用到教学中。这一时期,电化教育的名称开始被教育技术取代,注重媒体的应用,主要研究应用媒体来解决教学中的局部问题,但还未涉及教与学的全过程。

(二)教育技术的全面发展阶段

20世纪80年代后期,随着国外教育技术的涌入以及中外在教育技术领域的深入交流与学习,我国学习了一些新的教育理论,并主动学习和借鉴电化教育发达国家的先进经验与发展成果,以推动我国电化教育研究、电化教育教学、电化教育培训等各个领域的发展。一直以来,我国主要在视听教育的研究中进行电化教育研究,但随着教育教学的深入改革,将国外的教育技术成果与成功的经验引进我国电化教育中是非常必要的,这是适应新时代教育发展需求的必然结果,也是我国深入进行教育改革的必然要求。在深化教育改革的过程中,要重新定位电化教育的属性与地位,在科学教育思想下推动电化教育转变为教育技术,使传统的电化教育实现质的突破,并以全新的姿态迎接现代教育技术时代的到来。

在电化教育向教育技术转变的过程中,媒体技术尤其是计算机教育手段的运用备受重视,计算机教学手段成为学校教育教学的重要手段之一,计算机实验室在高校陆续建成。1987年,为促进计算机教育在中小学的普及与发展,国家成立了全国中小学计算机教育研究中心;20世纪90年代末,我国中小学配备的计算机数量已经达到数十万台,与此同时逐渐兴起的教育技术还有校园网、校校通工程等。

我国在21世纪初开始进一步普及信息技术教育,倡导信息技术课程在全国中小学的开设,使中小学教育教学中对现代综合媒体技术的运用越来越普遍,这是计算机技术不断发展的必然结果。

随着教育技术研究的深入和实践的不断发展,教育技术在教育教学中的应用不再局限于视听媒体范畴中,而逐渐向更宽广的领域拓展,如依托现代教育技术进行教学设计,加强信息技术与课程的整合,实施网络教学、多媒体教学等。这一时期,学界关于计算机辅助教学手段在认知领域的应用等的研究非常火热,而且研究成果丰硕,为计算机辅助教学的发展提供了科学的理论指导。此外,随着教育技术的日益普及,一些计算机企业也积极与教育机构合作开发教学软件,教学软件的开发与应用对学校信息化教学的发展起到了重要的推动作用。

20世纪90年代,教育技术的发展在学科建设领域主要表现为各高校将电化教育专业更名为教育技术学专业,而且对信息化教育人才的培养层次较之前有了显著的提升。到1996年,我国设置了专科或本科教育技术专业的高校超过30所。少数高校开设硕士研究生教育技术专业、博士研究生教育技术专业的同时,在高校师范生的公共课程教学中也将现代教育技术融入其中,培养学生的信息化素养,对教师专业队伍的培训也不可避免地涉及现代教育技术培训,以提高在职教师的信息化教学能力,使教师队伍的业务能力不断提升。

(三)深入发展阶段

21世纪以来,随着互联网传播面的扩大和普及程度的提升,信息化教育技术进入深入发展阶段,数字化学习(网络化学习)的发展越来越快,网络教育积累了丰富的经验,从实践中总结了非常有借鉴价值和启示意义的成功经验,也在艰难中总结了教训。随着信息化教育技术的进一步发展和数字化学习的普及,集数字化学习与传统学习方式于一体的混合式学习方式充分发挥了自身的优势,利用混合式学习方式,既能使教师的主导作用得到充分发挥,同时也能使作为学习主体的学生以更加积极主动的态度进行创造性学习,获得更多的收获。

## 三、教育信息化对高等教育的深刻影响

教育信息化在高等教育中有着非常显著的影响,并且在高等教育中得到了广泛的应用。在高等教育中,有三个基本的要素,即教师、学生、教学设施。随着信息技术的融入,这三个要素都会相应地发生改变,不仅改变了教师的教学作用,也改变了学生的学习能力,同时还影响着教育设施的工作性能。教育信息化对高等教育的改变主要有如下几点表现。

(一)教育思想和教育观念:凸显能力培养

传统的高等教育主要是强调知识的讲授,无论在课程设置,还是在教学内容组织、教学方法运用等层面,都是为了传授知识服务。在信息技术背景下,要求高校学生不仅要掌握基本的知识,还需要掌握获取知识的能力,因此需要对教育思想与观念加以变革,这样才能将高等教育

从知识的传授层面转向对能力的培养层面。

（二）教育目的：走向大众教育

信息技术的进步使得高等教育逐渐走向社会，并且趋向平等，其各个层面与人们的生活相融合。人们可以对学校、教师、课程等进行自由选择，将办学的开放性充分展现出来。随着信息技术的运用，高等教育的组织形式变得更为方便、灵活，教学计划也更为针对与柔性。在当今信息社会背景下，知识更新速度加快，人与人之间的竞争更为明显，这就使得人们对学习更加重视，愿意接受高等教育甚至终身教育，因此导致学生的学习更接近终身化。

（三）教学内容与方式：走向前沿与互动

在教学内容层面，教师运用信息技术的网络搜索功能，对学科前沿的知识、最新的成果进行查询，从而将这些内容运用到高等教育教学中。在高等教育教学方法上，通过信息技术，对传统的高等教育教学方式加以改变，创设良好的教学情境，从而将教学内容更便捷地表达出来，凸显了互动性，也便于对学生综合能力的培养。

（四）师生关系：转向主动合作

信息技术使得高校教师的作用发生改变，从知识的传递者转向学生学习的引导者、协调者，学生可以运用信息技术，对学科前沿的知识进行学习与接收，使自己从被动的学习者转向主动的学习者，即学习的主人。显然，师生角色在信息技术背景下都发生了改变，彼此成了合作者与交流者。

（五）教育评价制度：变得更为透明开放

信息技术使得学校的办学行为更为开放、透明，社会机构也对学校更加关注，教育评价的主体从政府逐渐转向社会。教育评价的内容也会发生改变，其中对于学生的评价从以往对知识的过分重视转向对能力的要求，从过去的单纯考试转向考试与实践相结合的方式。这些变化都是因为信息技术教育的影响。

## 四、教育信息化的发展趋势

### (一)教学内容和教学方法的数字化趋势

教育信息化发展促进了教育数字化。当前,教育的数字化发展进程不断加快,这从教学内容和教学方法的数字化中充分体现出来。教学内容与方法实现了数字化后,教学过程越来越快捷、便利和高效。不管是对教师来说,还是对授课对象即学生来说,教学的数字化发展使得他们的教与学都越来越轻松、有效。在数字化发展的趋势下,教师和学生查阅资料、分享资料以及获取信息化知识的速度越来越快。教师利用信息化技术对教学内容进行数字化处理后,学生学习时可以不再受时空限制,能够对教学内容有更直观、深刻的体会和领悟。此外,教学内容也因为动画、视频等多种元素的融入而越来越丰富、直观、形象、生动,便于掌握和理解。总之,教学内容与方法的数字化大大提高了教学的快捷性和实效性。

### (二)移动学习的常态化趋势

信息化时代背景下,教育教学的空间大大拓展,学生不论在学校,还是在家里或社区,不管是在课上,还是在课下,每时每刻都能学习。可以说,只要有网络覆盖,任何地方都可以成为学习场所。移动学习在网络时代已经成为一种普遍现象,这样打破了课堂教学的单一形式,扩大了学生的学习领域和空间,也提高了学生的学习效率。

### (三)大数据平台的全球化趋势

在信息社会,互联网技术运用于社会各个领域,在教育领域建设大数据平台已然成为必然趋势。在信息化教学中建设大数据平台,全面整合世界上各种不同的教学内容、教学方式,保证教学的连续性、开放性、互动性以及终身性,使学生时时刻刻都可以学习,将学习作为常态化生活方式之一,在学习中提高自己的文化素养和实践能力。建设全球化的教育数据平台有助于培养学生的终身学习习惯,促进学生成长与发展。

## 五、教育信息化的发展对策

### (一)大力推进教学改革,适应信息化时代的需要

信息化时代为教育教学创造了良好的发展机会,我们应将丰富多彩的信息化教学手段运用于课堂教学中,并基于对网络技术、多媒体技术的应用而全方位改革教学内容、方法、模式、考评、管理等各个教学要素,并大力创新,不断优化与完善信息化教学体系,这是信息化时代发展背景对教育教学的新要求,也是新时代社会发展对学校培养全面发展型人才的要求。只有利用信息化手段而全面进行教学改革与创新,才能进一步推动素质教育理念的贯彻落实,实现素质教育的目标,实现良好的教学效果和人才培养效果。

### (二)全面加强信息化教学建设

#### 1. 建设基础:完善设施

规划信息化教学建设路线,完善设施是最基础的环节。要根据实际需求而完善信息化教学设施与设备,多开发具有可靠性、可操作性、安全性、实用性的信息化教学设备,并不断更新与补充新的设施,以满足不同学生对信息化教学硬件资源的需求。

#### 2. 建设重点:开发资源

要推动信息化教学的发展,就要利用信息技术手段而建设丰富的教学资源,如数字图书馆、学习资源库、网络教学平台等,从而为教师和学生提供便利。

#### 3. 建设关键:师资培训

教师的信息化教学素养直接决定了信息化教学系统能否充分发挥自身功能,决定了信息化教学的开展情况和最终效果。所以,要强化对师资队伍的信息化素养的培训,使教师具备获取信息化教学资源、运用

信息化教学手段以及灵活操作信息化教学设备的能力,从而提高教育信息化的发展效果。

4. 建设保障:制定政策

在信息化教学改革与创新中,教育部门要出台相关政策来为学校信息化教学改革与实施提供政策依据与法律保障,为信息化教学的发展提供方向与指引,通过对相关奖惩政策、管理政策等配套政策的制定与完善,加大政策支持力度,保障学校信息化教学的顺利开展与长远发展。

(三)建立与拓展网络教育平台

对信息化教学网络资源平台的建立与完善也是推动信息化教学发展的一个重要举措。这个工作需要教育部门的大力支持与全力帮助。学校发挥教育资源优势,在政府部门的引导与帮助下建设与拓展专门的网络化教育平台,设立教学专栏,传播信息化教学理念,宣传信息化教学的基本知识,并上传关于信息化教学设备运用的基本常识,也可以就教学中存在的问题进行线上交流与讨论,提高解决效率。同时,还可以在教育平台上上传优质课件或教学效果良好的教学视频,为教师开展信息化教学和学生在线学习提供参考和帮助。总之,网络资源共享能够为信息化教学的组织与实施提供便利,提高课堂教学效率。

# 第二章　教育信息化理论基础

信息化教育涉及多门学科的相关理论,如现代教育传媒理论、教与学理论、教学设计理论、教育信息化测度理论对现代教育技术的发展产生了较大的影响。本章主要对信息化环境下的教与学理论、教育信息技术环境以及信息化环境下的教师专业发展进行研究,以期为新时期教育信息化的应用提供理论依据。

## 第一节　信息化环境下的教学理论

### 一、教学理论

(一)视听教育理论

在教育中,教师会运用到各种视听教学媒体,这些教学媒体也发挥着非常重要的作用,视听教育理论也指出了这一点。视听教育理论是信息技术应用的基础理论之一,也是教育技术应用需要遵循的一个基本规律。

关于视听教育理论的研究,戴尔(美国教育家)撰写了《教学中的视听方法》(1946年),在当时产生了巨大的影响,其中视听教育理论的核心——"经验之塔"理论就是出自这本书。

"经验之塔"理论的基本要点如下。

第一,"经验之塔"模型中最底层的经验是最直接和最具体的学习经验,学生容易掌握,层次越高,经验的抽象程度和间接程度就越强。最抽象的是顶层经验,这一层次的经验便于形成概念,应用起来较为便捷。

学生并不是一定要经历从底层到顶层的这个过程才能获得经验,也没有说哪个层次的经验比其他层次的经验更有价值,对经验进行层次划分,只是为了对不同经验的抽象程度有一定的认识。

第二,观察经验在"经验之塔"中处于中段位置,和抽象经验相比,这类经验相对更形象、具体,更容易被学生理解,有利于对学生的观察能力进行培养,并使其直接经验得到弥补。

第三,获得具体经验并不是学习的目的,要在获得具体经验后过渡到抽象经验,以形成概念,便于应用。在推理中需要用到概念、思维与求知并以概念为基础,这有利于对实践进行有效的指导。在教育中不能过分重视直接经验和过分追求具体化的教学,而要尽可能使学生达到普遍化的充分理解。

第四,在学校教学中,为了使教学更直观、具体,应充分运用丰富的教学媒体手段,这也是使学生获得知识的重要手段。

总之,"经验之塔"理论模型对学习经验进行分类,说明各种经验的抽象程度,这与人们的认知规律相符,即从具体到抽象、从感性到理性、从个别到一般。

视听教育理论的核心是"经验之塔",其对信息技术起到以下几方面的作用。

第一,"经验之塔"理论划分出具体学习经验和抽象学习经验两种类型,提出学生的学习规律是从直观到抽象,这与人类的基本认识规律相符,为教学中对视听教材的应用提供了重要的理论依据。

第二,为划分视听教材的类型提供了重要的理论依据,即划分视听教材时,应参考的一个主要依据就是各教材所对应的学习经验的抽象程度,对视听教材的合理分类能够为划分教学媒体的类型和优化选择教学媒体奠定基础。

第三,有机结合视听教材与课程,这也是信息技术研究与应用的思想基础。

(二)教育传播理论

1. 传播理论及模式

传播源自拉丁文"communicure",是"共享、共用"的意思。英语中的"communication"被译为沟通、交流、传播等。当前,传播一般被解释为传播者运用一定媒体与受传者之间进行信息传递和交流的社会活动。传播有自我传播、人际传播、大众传播和组织传播四种类型,这是按照传播涉及人员的范围及传播对象划分的。下面列举几个具有代表性的传播模式。

(1)香农-韦弗模式

美国伟大的数学家香农曾喜欢研究一些电报通信问题,他在20世纪40年代提出了一个和通信过程有关的单向直线式数学模型。之后又与著名信息学者韦弗共同对这个模型进行了改进,将反馈系统加入该模型,于是便形成了香农-韦弗模式,如图2-1所示。该模型在技术应用方面发挥了重要作用。

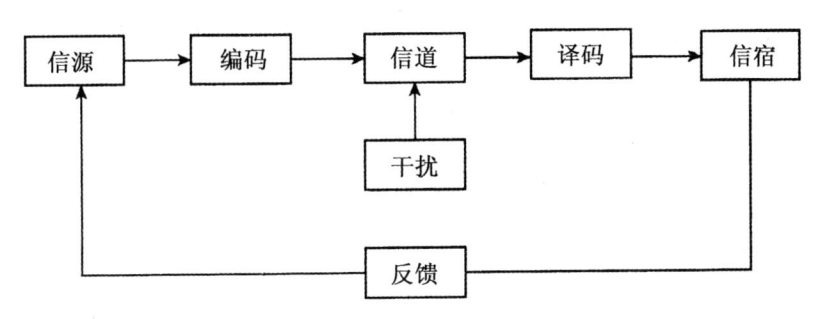

图 2-1 香农-韦弗模式

(2)拉斯韦尔模式

美国学者拉斯韦尔指出,传播过程是由"谁""说什么""采取什么途径""对谁""产生什么效果"五个线性要素共同组成的一种线性结构,也就是"5W"模式[1]。从传播学的角度来看,这五个因素分别对应的是信息源、信息本身、受传者、媒体以及期望的产出。它们之间的关系如图2-2所示。

2. 传播理论对教学过程的解释与说明

利用以上传播模式可以对教学过程进行解释与说明,这些模式为教育传播学研究奠定了重要的理论基础。

---

[1] 刘文灵. 两种发展了的传播模式对教育教学的启示——再论拉斯韦尔的"5W"模式和香农—韦弗模式[J]. 安阳工学院学报,2006(03):150-152.

图 2-2  拉斯韦尔模式

(1) 指出教学过程的双向性

早期传播理论片面地认为传播过程是单向的,也就是受传者对信息内容被动接收的过程。这种理论对信息接收者作为独立个体所拥有的主动性和自主性没有正确的认识。施拉姆模式指出传播过程是双向的互动过程,传播主体不仅包括传播者,还包括受传者。之所以能够循环不断地进行传播,主要是反馈机制在起作用,这也说明了受传者的主体作用。按照施拉姆传播模式,教学过程中包含教师与学生共同的传播行为,教师传播教学信息,学生接收的同时也做出反馈,因此要从教与学两方面出发来设计与安排教学过程,并将学生的反馈信息充分利用起来,及时调控教学过程。

(2) 说明教学过程包含的要素

拉斯韦尔提出了"5W"线性传播模式,用该模式可以解释一般传播过程。有人以此为基础构建了"7W"模式。该模式指出,传播过程包含7个要素,将该模式运用到教学中,也能说明完整的教学过程包含 7 个要素,见表 2-1。

表 2-1  教学过程的要素

| | |
|---|---|
| who | 谁——教师 |
| say what | 说什么——教学内容 |
| in which channel | 用什么方式——教学媒体 |
| to whom | 对谁说——教学对象 |
| where | 在什么情况下——教学环境 |
| with what effects | 有何效果——教学效果 |
| why | 为什么——教学目的 |

需要注意的是,在教学过程研究、教学设计安排及教学问题解决中,这些要素都应纳入考虑范围。

(3)确定教学过程的基本阶段

传播是一个连续的、不断变化的过程,具有明显的动态性。为便于研究,可将其划分为六个阶段(确定教学信息、选择传播媒体、传递信息、接受和解释信息、信息反馈与教学评价、调整再传递信息),每个传播阶段都对应教学过程的一个环节。

(三)其他教学理论

除了上述理论外,还有一些著名的教学理论能够为信息化环境下的教学提供理论支持,见表 2-2。

表 2-2 常见教学理论及观点

| 理论 | 代表人物 | 主要观点 | 教学原则启示 |
| --- | --- | --- | --- |
| 发展教学理论 | 赞可夫 | (1)把一般发展作为教学目标,以最好的教学效果促进学生一般发展;<br>(2)教学走在发展前面才是好的教学,把教学目标确定在学生"最近发展区"内 | (1)高难度教学;<br>(2)高速度教学;<br>(3)理论知识起主导作用;<br>(4)使学生理解教学过程;<br>(5)使所有学生都得到发展 |
| 结构-发现教学理论 | 布鲁纳 | (1)学习一门学科,最重要的是掌握它的基本结构;<br>(2)任何学科都能进行智育,任何发展阶段的任何儿童都要接受智育;<br>(3)采用发现式教学法 | (1)动机原则;<br>(2)结构原则;<br>(3)启发原则;<br>(4)反馈原则 |

续表

| 理论 | 代表人物 | 主要观点 | 教学原则启示 |
| --- | --- | --- | --- |
| 教学过程最优化理论 | 巴班斯基 | (1)把教学看成一个系统,用系统观点、方法来考察教学;<br>(2)教学效果取决于教学诸要素构成的合力,对教学应综合分析、整体设计、全面评价;<br>(3)教学过程最优化就是在现有条件下用最少的时间和精力取得最好的效果 | (1)方向性;<br>(2)可接受性;<br>(3)可控制性;<br>(4)科学性和实践性;<br>(5)系统性和连贯性;<br>(6)巩固性和效用性;<br>(7)自觉性、积极性、独立性;<br>(8)各种方法最优结合;<br>(9)多种教学形式最优结合;<br>(10)为教学创造最佳条件 |

## 二、学习理论

### (一)建构主义学习理论

#### 1. 信息技术与建构主义学习理论

20世纪90年代初期发展起来的建构主义学习理论本身就与多媒体和网络技术有着深刻的渊源。在建构主义学习环境的创设中特别适合采用多媒体和基于互联网的网络通信技术,它们的很多特性都有密切的联系。在建构主义学习环境的建设中,信息技术作为重要的认知工具和资源条件发挥了举足轻重的作用。信息技术作为学生学习的认知工具对促进学生认知和学习能力的提升起到了重要作用。同时,建构主义学习理论也为信息时代背景下教学的发展提供了强有力的理论支持。

2. 学习环境四要素

建构主义学习理论认为,建构主义学习环境中有四大要素,分别是情境、协作、会话和意义建构。这四大要素在教育信息技术环境中更能得到充分体现。

(1)情境

在学习环境的创设中要设定真实情境,从而为学生对学习内容的意义建构提供便利,这是学习环境中情境要素的基本功能。在建构主义学习理论下建设学习环境,不仅要分析教学目标,还要考虑如何创设情境来促进学生意义建构的问题,所以在教学设计中创设情境是非常重要的一个环节。只有学习情境是真实的,才容易启发学生思考,使学生运用所学知识来解决生活化问题。运用多媒体技术创设学习情境,对微观世界的现象进行生动形象的模拟,将真实世界发生的事件呈现出来,使学生从真实案例中发现并解决问题,从而对学生分析思考及解决问题的创造性能力进行培养。

(2)协作

在整个学习过程中协作都是必不可少的学习方式。从搜集学习资料、分析资料、提出和验证假设、评价学习效果以及到最后的意义建构,各个环节都需要协作。信息技术尤其是网络通信技术为远程通信与远距离协作提供了重要的平台,这是传统教学手段无可比拟的优势。基于信息技术而展开合作教学与学习,有助于对学习者的合作能力和反思习惯进行培养。

(3)会话

协作过程中离不开会话这个环节。学习小组在合作学习的过程中,要通过会话的方式如讨论、商量等来共同规划学习方案,协商如何完成学习任务。可以说,学习者在学习过程中相互协作的过程也就是会话的过程,通过会话而讨论学习问题,共同参与学习方案的设计,协商解决学习问题的方法,分享各自的思维成果,从而提升小组学习效率和学习效果。可见,学习者对学习内容的意义建构离不开会话。多媒体计算机以其突出的语音系统功能为学习者之间、教师之间以及师生之间的会话提供良好的条件,从而提升协作教学与学习的效率。

### (4) 意义建构

建构主义学习理论指出,学习的最终目标是意义建构,学生要积极主动、自觉自愿地完成最终学习目标。在学生实现意义建构的过程中,教师和外界环境都发挥了重要作用,帮助学生深刻理解学习内容所体现出的事物的本质、规律以及不同事物间的内在关联。多媒体技术为学生提供了良好的交互式学习环境,该学习环境具有界面友好、形象生动等优势,对学生主动发现问题、积极探索答案等起到重要的启发和推动作用。基于多媒体技术而创建的学习环境将声音、文字、图片结合起来,同时刺激学生的多重感官,促进学生对教学信息的快速获取,使学生对学习内容中所揭示事物的发展规律及其他知识有更深刻的认识与理解,有助于改善学生的认知结构,提升学生的认知能力,优化学生对学习知识的意义建构的过程,这是传统教学媒体所不具备的功能。

现代信息技术成果为建构主义学习理论在教学实践中发挥指导作用提供了强有力的支持,该理论被广大教师接受,在教学中发挥了重要的指导作用,也为教学与信息技术的融合提供了重要的理论支持。

## (二) 信息加工理论

### 1. 理论概述

国内外心理学家在 20 世纪 70 年代后尝试将信息加工模式用于对学习活动的解释中,在信息加工模式的实践运用中有多种学习理论应运而生,也涌现出一些具有影响力的代表人物。加涅是这方面影响最大的代表人物,他的信息加工理论在国内外学科教学中产生了深远的影响。

加涅根据学生的学习结果,提出学习活动中包含以下几个重要因素。

(1) 言语信息

运用语言文字去陈述和表达。

(2) 智慧技能

运用符号解决学习问题。

(3) 认知策略

对自我认知活动进行内在调控的特殊认知技能。

(4)动作技能

肌肉活动的协调能力,从外在环境中习得和形成。

(5)态度

对个人行为选择有决定性影响的内部状态,从内、外环境中习得和形成。

2. 信息加工模式

加涅的信息加工模式如图 2-3 所示。

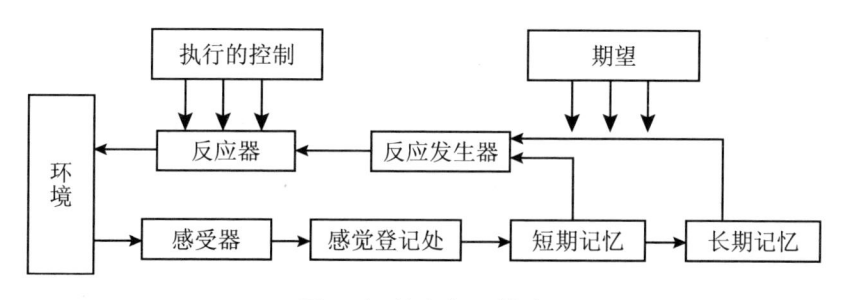

**图 2-3　信息加工模式**

下面具体分析信息加工模式中的重要组成因素。

(1)神经信息

外界环境中一些因素刺激学习者的神经系统,从而调动感受器,并实现从原始信息向神经信息的转变。神经信息快速进入感觉登记处,登记速度极快,登记完感受器的所有信息只需要百分之几秒。在信息登记过程中,因为选择性知觉或神经系统注意力的影响,某些信息得到加强,同时也有一些信息被削弱,得到加强的信息是经过选择而留在感觉登记处的信息,这部分信息是短期记忆中大脑中保留的重要内容。一般短期记忆中的信息项目只有 7 个左右。

(2)编码

从短期记忆向长期记忆转化时,信息的转变非常关键,我们用"编码"来概括这个重要的信息转变过程。编码的形式包括想象、空间矩阵、图片、表格等。通过编码而以多种方式将重要信息组织起来,使之保留在长期记忆中,这与短期记忆中只是简单收集信息的存储形式不同,长期记忆中信息的存储形式主要是"概念"的形式,存储的时间较长。

学习者要善于从长期记忆中对信息进行检索,从而不断验证所学知识。学习情景中的某个要素或学习者自身的其他记忆为其检索信息提供了重要的线索。学习者抓住重要的线索检索、提取关键信息,并整合关联信息,使这些信息直通反应发生器。

（3）反应发生器

信息到达反应发生器后,该组织就决定人以哪种形式做出反应(如说话、表情、肢体语言等),如果决定人体以肌肉动作而做出反应,那么还会决定肌肉动作的时间与顺序,使肢体动作更有组织性和连贯性。反应发生器发出指令而激活反应器,从而完成直观的行为,如说话、肢体活动等。

（4）反馈信息

学习环境中的事件是由学习的一系列反应(如说话、表情、肢体语言等)构成的,学习者观察这些事件,将反馈信息提供到神经系统中,然后主观判断自己的学习目标是否达成,并对学习内容加以巩固,继续提供信息来深化学习和加深记忆。可见,学习环境中形成了一个流动的信息流。

## 第二节　教育信息技术环境研究

### 一、教育信息化环境概述

简单而言,教育环境是指影响教育活动的各种情况和条件的总和,包括物质基础环境和人文性环境。物质基础环境主要由教学仪器、设备、教室内外的物理设施等组成,人文性环境主要有教育理念、教学氛围、教学规范、心理适应等组成。在信息化时代,教育环境有了新的发展和更加丰富的内涵。下面对教育信息化的常见环境与特征进行分析。

### (一)教育信息化环境的内涵

教育信息化环境是指在现代教育理论指导下,充分运用现代信息技术建立的能实现教学信息的获取途径和呈现方式的多样化,构建教与学的现代教学环境。

教育信息化环境涵盖的内容很多,包含公共的通信网络、现代媒体咨询服务,以及教学中的硬件环境、软件环境、时空环境、教学氛围、直接或者间接影响教与学所有条件和因素的总和。

教育信息化环境为学生的自主学习提供了便利,而且突破了课堂教学的时间限制。教育信息化环境中的学习内容也突破了教科书的限制,学习空间不再局限于课堂教学,使学习方式更加灵活多样。

教育信息化环境充分运用现代信息技术实现教学信息的获取途径和呈现方式多样化,它具有时空开放化、教学资源共享化、教学内容多媒体化、活动虚拟化、交互灵活化、管理自动化等特征。

### (二)教育信息化环境的构成

教育信息化环境是基于现代教育理论的现代信息技术创建和发展起来的,是信息化教学活动顺利开展的基础和条件。在教育信息化环境中,信息资源丰富、信息交流快速、信息处理高效、信息应用平台方便,这些都为学校工作的顺利开展提供了便利条件,而且提高了全体人员的信息意识,进而促使他们积极利用和进一步开发信息技术,更好地为教学工作服务。

教育信息化环境是一个非常庞杂的系统,其大概可以分为物理环境和文化心理环境两大类,每类环境下又包含诸多不同的要素,基本结构可参考信息化教学环境,如图 2-4 所示。

在教育信息技术环境中,硬件环境、软件环境以及人文环境是非常重要的组成部分,它们也是教育信息技术环境建设的重点。硬件环境是现代教育的基础,是开展信息化教学的基本前提;软件环境包含丰富的内容,如资源系统、服务系统、管理系统等,这些要素缺一不可;良好的人文环境能够活跃现代化教育的氛围,促进信息化教学的推广与普及。总之,学校集中人力、物力和财力而建设优质的硬件环境、完善的软件环境以及浓厚的人文环境,对支持与推动信息化教学活动的开展具有重要意义。

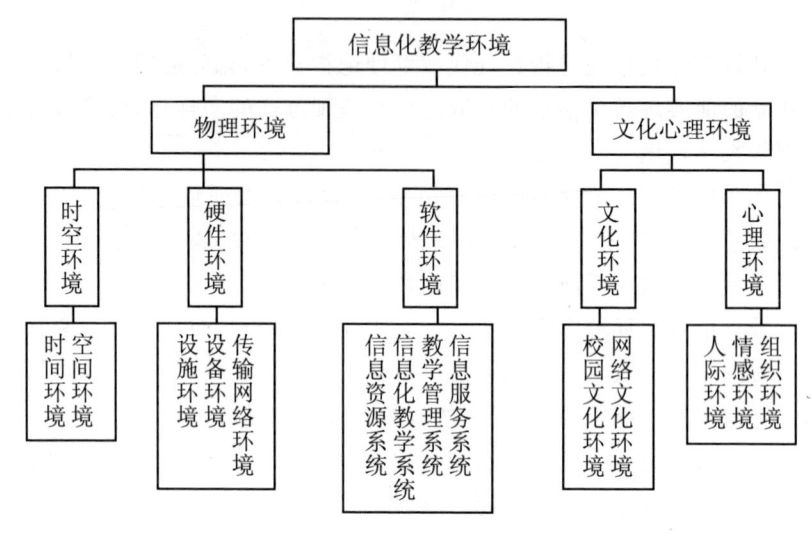

```
                    信息化教学环境
              ┌───────────┴───────────┐
           物理环境                 文化心理环境
        ┌─────┼─────┐              ┌────┴────┐
      时空   硬件   软件           文化      心理
      环境   环境   环境           环境      环境
      ┌┴┐   ┌┴┐  ┌──┼──┐          ┌┴┐    ┌──┼──┐
     时 空  设 传  信 教 信        校 网   人 情 组
     间 间  施 输  息 学 息        园 络   际 感 织
     环 环  环 网  资 管 服        文 文   环 环 环
     境 境  境 络  源 理 务        化 化   境 境 境
            环   系 系 系          环 环
            境   统 系 统          境 境
                    统
```

图 2-4 信息化教学环境的构成①

## 二、信息技术支撑下教学环境的功能

（一）有利于信息反馈和教师的调控

在信息技术教学环境下，教师的指导和学生的反馈是通过网络来完成的，因而更快速、更便捷。尤其是在网络教室的环境下，教师可以通过网络教室功能监督全班学生的学习情况，并根据学生需要给予个别指导。

（二）有利于教学信息多样化显示

在教学中可以将信息通过多媒体的形式显示，使教学内容能够通过文本、图形图像、声音和动画等方式展现给学生，充分调动学生的积极性。

---

① 董艳丽．开源软件在基于网络的教育信息技术环境建设中的应用研究[D]．华东师范大学，2008．

## （三）有利于学生进行协商讨论

在网络教室中，学生可以通过 QQ、BBS 和留言板等形式进行交流和讨论，既避免了面对面讨论的嘈杂，又可以保护学生的隐私，使性格内向、不爱发言的学生能够通过一对一的形式进行交流，实现了人性化教学。

## （四）有利于教学资源的高度共享

在以往的教学中，教师如何把大量的资料和信息传递给学生，以及学生如何将自己的看法和心得与其他同学进行分享等一直是教育者所探寻的问题。如今，信息技术的利用可以有效地实现资源的共享，只需要打包发送即可在几分钟甚至是几秒的时间内完成文件的传输和共享。

## （五）有利于学生获取广泛信息

互联网上的信息是海量的，利用搜索功能（如百度等）可以达到获取信息的目的，也可以利用网上发帖求助的功能向全球的用户提出问题，从而广交朋友。

## 三、教育信息技术环境的设计原则

与传统教学环境相比而言，网络这种信息化环境以其鲜明的开放性、多向性、共享性为探究性教学活动的开展提供了更多的支持。基于网络的教育信息技术环境为师生互动、同学互动提供了更多的可能。

构建基于网络的教育信息技术环境具有重要意义，下面对构建与设计的原则进行分析。

### （一）服务性原则

教育信息技术环境是学校教学环境的组成部分之一，其应该为学科的教学而服务，并为学科建设、科学研究提供重要支撑。在任何学科的教学中，教师不但要传播知识，还要培养学生的学习兴趣、学习能力以及综合素养,这离不开教育信息技术环境的支持。

建设教育信息技术环境,在此环境下进行学科教学,要为学科教学本身服务,为教学活动提供丰富的信息资源和全面的服务。

## (二)主体性原则

任何学科的教学都要以学生为中心。教育信息技术环境主要由教师、学生、教学媒介资源、管理机构等诸多因素组成,在众多因素中,处于中心地位的始终是学生,学生的主体地位不可动摇。

学生作为中心因素,采用各种媒介手段与教师、学习资源以及管理机构等进行交互,教师围绕学生进行教学,学习资源为学生提供各种学习工具和学习材料,管理机构对学生的学籍、学习和考试等进行全面管理。可见,学生的中心地位非常重要,建设教育信息技术环境必须贯彻学生主体性原则,以学生为中心。

## (三)开放性原则

与传统教学环境相比,教育信息技术环境的开放性是其最大的优势之一,也是人们有目共睹的一个重要特征。

传统教学环境对师生教学有诸多限制,表现在教学时空、教学资源、教学形式等诸多方面,而开放的教育信息技术环境打破了这些限制,为教学主体提供了广阔的教学空间、高效的教学时间、丰富的教学资源以及多样化的教学形式,大大提升了教学效率。因此,在教育信息技术环境建设与设计中必须贯彻开放性原则,突出教学环境开放的本质和重要性。

## (四)共享性原则

教育信息技术环境中的所有资源都是公开、共享的,如教师提供的教材资料、学生自己查找的学习资料、各种课外资料等,共享这些教学资源对提高教学效率具有重要意义。置身于教育信息技术环境中的所有师生都可以对自己所需要的重要资源加以选择、参考和使用,以达到特定的教学目的。因此,设计教育信息技术环境必须保证环境内部资源完全共享或部分共享。

### (五)安全性原则

在教育信息技术环境建设中还必须遵循安全性原则,强调教育信息技术环境的安全,是为了避免黑客攻击教学系统。为了提高教学环境的安全性,可采用软件进行教育信息技术环境的建设,其优势在于用户可以自行修改源程序,直至满足自己的需要,这有效保障了系统的稳定性和安全性,也满足了用户的需求。

## 四、教育信息技术环境建设的总体规划

教育信息技术环境的应用对象主要是教师和学生,因此,将教育信息技术环境在功能结构上划分成教师教学环境和学生学习环境。下面简单分析这两个子环境的创建。

### (一)教师教学环境建设

教师教学环境是配合教师完成网上教学的子环境,为教师提供教学活动中所需要的各种功能,使教师了解学生学习情况、为学生答疑。建设教师教学环境,应保证其能够模拟实现传统课堂教学的一些主要教学环节,具体要求如下。

首先,教师教学环境应提供进行网上实时授课或非实时授课的多种授课方式,并能够让学生利用网络课程进行自学。

其次,教师教学环境应包含能够实现师生互动的空间课程讨论区、教师在线答疑室和非实时课程答疑室,并设置在线练习、在线测验和在线考试等功能模块。

最后,该子环境还应便于教师创建学习小组,组织小组协作学习。

### (二)学生学习环境建设

学生学习环境为学生网上学习提供支持和配套服务,为学生全面呈现教师提供的学习信息,同时学生向教师即时反馈自己的网上学习情况,这是便于师生双向互动的学习环境。建设信息化学习环境,还应向学生提供其自身的学习信息,便于学生了解自己的学习进度和学习成

果,对比学习目标而发现差距,明确自己的学习方向和任务。

## 五、教育信息技术环境的具体应用

### (一)网络教学机房

网络教学机房也称"网络教室",是集普通的计算机机房、语音室、视听室、多媒体演示室等功能于一体,利用网络和多媒体技术将多台计算机及相关网络设备互联而成的小型教学网络。高校很多教学任务都可以利用网络教学机房来完成,网络教学机房的主要应用如下。

#### 1. 电子备课

教师在网络机房备课可以解决电子课件制作中资料不足、文件较大、不易移动等问题。网络机房有包含大量资源的资源库,教师可以在课上灵活选用资源。资源库的资源可以被共享,如学校购买教学资源存入服务器中供教师共享。

#### 2. 课堂教学

网络机房有机整合多媒体教学信息,为多媒体课堂教学的开展提供方便。在课堂教学中,采用文本、动画、声音、视频等多媒体形式传播教学信息,也可以引入其他直播课堂,从而调动学生的积极性。教师还能利用多媒体课堂教学对学生进行个别辅导。

#### 3. 学生自学

学生在更加开放、自由的学习环境中利用网络机房的学习资源进行独立学习,利用共享资源可以学习很多新知识。

#### 4. 网络测试

教师可以利用网络机房组织网络考试,实时了解学生的答题情况,然后利用相应功能自动阅卷,将结果及时反馈给学生,帮助学生分析与处理问题,有效提高了教学效率。

## （二）多媒体教室

多媒体教室也称"多媒体演示室"，是根据现代教育教学的需要，将多媒体计算机、投影、录音、录像等现代教学媒体结合在一起而建立起来的综合教学系统。多媒体教室是高校信息化教学中最基本的硬件资源，其具有以下重要功能和优势。

第一，连接校园网络和 Internet，便于教师调用丰富的网络资源，实现网络联机教学。

第二，连接有线数字电视系统，在教学中充分利用电视媒体。

第三，演示各类多媒体教学课件，开展计算机辅助教学。

第四，展示实物、模型、图片、文字等资料。

第五，以高清晰、大屏幕投影显示计算机信息和各种视频信号。

多媒体教室在不同学科的教学中都得到了广泛而频繁的应用，具体应用在下列几方面。

### 1. 课堂演示教学

在课堂教学中，教师将多媒体系统利用起来，在大屏幕上直接投影主要教学内容，或将事物运动（微观世界）、现实场景（宏观世界）运用多媒体来模拟演示。这便于直观明了地将教学信息传递给学生，激发学生的学习积极性，促进课堂教学效率的提高和教学效果的改善。

### 2. 播放教学课件

教师通过多媒体教学系统播放自己在备课中准备好的多媒体教学软件，如录音带、VCD 等各种视、音频软件，从而烘托课堂氛围，调动学生兴趣，促进教学效果的提升。

### 3. 搜索教学信息

与校园网相连的多媒体教室为教师根据教学需要而随时调用教学资源提供了极大的便利。

4. 常规教学

在多媒体综合教室不仅可以进行多媒体教学,还能像传统课堂一样使用黑板、粉笔等用具进行常规教学。

## 六、教育信息技术环境支持下的信息化教学设计

信息化教学设计是围绕学习者这一中心,运用系统的方法和现代信息资源来具体计划各个教学因素与环节,如教学目标、教学内容、教学方法手段、教学评价、教学管理等,基于此对系统化的教学程序进行创设,从而最大限度地优化教学过程、保障教学效果。

在信息化教学设计中,对问题情境的创设是一个非常重要的环节,创设恰当的问题情境,可以使学生明确任务项目,将重要信息资源提供给学生,进而指导学生进行探索式或协作式学习,提高学生的学习效率。信息化教学设计中应重点设计教学问题、教学过程、教学资源、教学策略以及教学评价方式等内容。

### (一)信息化教学设计的要点

在信息化教学设计中,以下三个方面的要点应着重把握。

1. 以教学过程设计为核心

将教学过程设计作为信息化教学设计的核心部分,在这一环节中注重创设良好的学习环境和充分利用丰富的学习资源。在建构主义理论的启发下,教师应该在教学情境的创设和教学资源的开发中将现代信息技术充分利用起来,引导学生在特定教学情境中自觉进行探究式学习,并在学习中将丰富的学习资源充分利用起来。

2. 依据教学目标确定教学内容

对教学内容的确定与安排要以单元教学目标为依据而进行,而不是单纯以完成教学任务为主。也就是说,将确定教学目标作为教学设计的

首要环节,将对照教学目标进行教学评价作为教学设计的最后环节,如此循环往复。这也是信息化教学设计的基本原则之一。在信息化教学设计中,教师应以教学目标为依据对教学内容进行开发、选用,再从确定的教学内容出发进行课时的安排、评价方式的选用。

3. 注重培养学生的实践能力

对于以交叉学科专题为主的学习内容,要善于从客观世界中发现和选择综合性的问题,从现实问题出发进行信息化教学设计,从而培养学生利用所学知识解决实际问题的能力,提高学生的实践能力。

(二)信息化教学设计的模式

典型的信息化教学设计模式流程图如图 2-5 所示,该模式下的信息化教学设计具体包含八个步骤,通常按顺时针方向运行,必要时可以跳过某些步骤或重新进行排序。

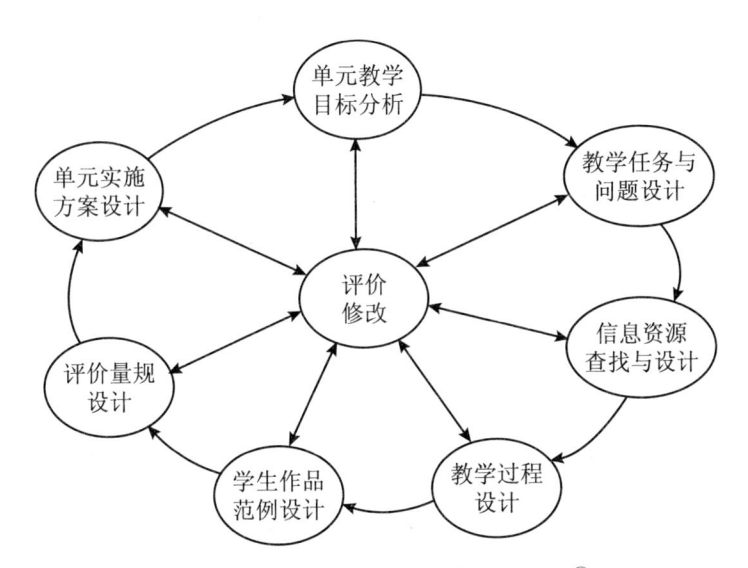

图 2-5 信息化教学设计模式流程图①

下面对上图中各个步骤做简要分析。

---

① 李文高. 教学设计的新领域:信息化教学设计[M]. 昆明:云南大学出版社,2013.

1. 单元教学目标分析

由教师分析单元教学目标,确定学生通过此教学应该达到的水平或获得的能力。

2. 教学任务与问题设计

根据单元教学目标,设计真实的任务和有针对性的问题。

3. 信息资源查找与设计

根据任务和问题以及学生的学习水平确定提供资源的方式,可以让学生按照学习目标和教师提出的要求独立查找资源,也可以由教师寻找、评价、整合相关资源,给学生提供现成资源。

4. 教学过程设计

梳理整个教学过程,使之合理有序,一般情况下应该以文字形式的信息化教案来明确教学过程。

5. 学生作品范例设计

在教学过程中如果要求学生在学习中完成电子作品,教师则应事先从学生角度出发,考虑学生能够或应该达到的制作水平而做出电子作品的范例,学生浏览范例后能够更加清楚自己要完成的学习任务。

6. 评价量规设计

在信息化学习成果的评价中,尤其是评价学生的电子作品时,结构化的评价工具——量规提供了较为科学的方法。认真设计量规将有利于使评价更加准确、可操作性更强。

7. 单元实施方案设计

设计具体的教学实施方案,包括实施时间表、分组方法、上机时间分配、实施过程中可能使用的软硬件以及其他必要文档的准备等。

8. 评价修改

信息化教学设计的过程中可以随时进行评价修改。

(三)信息化教学情境创设

情境创设是信息化教学设计中的重要环节,在这个环节中要从特定的教学目标出发对问题情境进行创设,并安排相应的教学内容,将之融入依托现代信息技术而开展的与客观现实极为相似或接近的活动中,使学生在近似真实的情境中解决实际问题,提高学习的有效性,提升实践能力。

信息化教学中教学情境的创设情况直接影响学生学习的积极主动性。学生学习并不是简单获取知识的过程,而是一个复杂的认知过程,这个过程中包含丰富的情感元素,要在教学中激发学生的兴趣、引起学生的共鸣,就必须创设恰当的能够满足学生情感需求的教学情境,如果教学情境创设得不合理,则可能引起学生的反感和抵触情绪。具体来说,创设合理的教学情境要注意以下几个要点。

1. 立足学生实际

在教学情境的创设中,要从学生的实际情况出发,提出问题并整理对学生而言有参考价值的引导材料。在信息化课堂教学中,教师首先要思考如何依据教学目标、教学要求而创设与教学内容密切相关的教学情境,如何通过恰当的教学情境调动学生的学习积极性,使学生将已有的知识和经验运用到学习中,这些问题需要教师结合学生的实际情况去思考和解决,具体要做到下列几点。

首先,从学生的真实生活出发创设教学情境,从学生熟悉的生活情境中取材,将其加工为符合教学主题的教学情境,或从教材中选取与学生日常生活最为接近的内容,使学生体会自己学习的知识与自己的生活息息相关,增添学习乐趣和动力。

其次,从学生生活中容量较大的情境中选取开放式的情境,将其加工为教学情境,使学生在这样的教学情境中进行开放式思考,多角度分析问题,多元化解决问题,从而培养学生的探索能力、创新能力以及解决问题的实践能力等。

最后,从教学内容出发对教学情境进行设计,将情感元素融入教学情境中,调动学生的学习热情,激发学生的内在学习动机,使学生以良好的情感状态和积极的情绪参与学习活动,满足学生的求知欲、好奇心等情感需求,使学生的内在学习动机保持得久一些,而且动机越来越强烈,从而不断获得良好的学习成果。

2. 熟练教材

教师创设教学情境时,教学内容是重要的客观依据之一,依据教学内容创设符合主题的教学情境,更有助于强化教学效果。教师要从教学目的、教材特点、教学要求等方面综合考量对教学情境的创设问题,包括是否创设教学情境、创设什么教学情境以及如何创设教学情境等问题。这就要求教师对教材内容有充分的把握和深刻的领会,这是教师精心创设教学情境的基础与前提。只有将教材吃透,准确把握教学重难点,才能有针对性地设置情境与问题,进行多媒体课件的设计,才能对创设的情境轻松驾驭和调控,达到创设情境的预期目的。相反,没有吃透教材,无法熟练驾驭教材的教师无法从教学内容中体会出相关意境,教师自身对教材不敏感,便难以通过恰当的情境去调动学生的求知欲和学习兴趣,必然会影响学生学习的积极性。

3. 设计创设教学情境的方案

在教学情境创设方案的设计中,要重点着手对以下问题的处理,包括确定与描述教学目标、开发利用课程资源等教学材料、选择恰当的教学情境、设计教学组织形式以及编制方案。

为了创设出最恰当的教学情境,可以先设计几个不同的创设方案,从多个方案中择优。选择最佳方案时,需要与同行进行交流讨论,同时也要征求学习者的意见,最后将最理想的方案确定下来。

创设教学情境时,应提出合理的概念支架,便于学生更好地理解教学内容,支架中应包括有利于学生进一步理解问题的相关概念,这就要求教师在创设教学情境时分解复杂的学习任务,将便于学生理解学习任务的相关概念融入教学情境中,从而引导学生深入理解知识和问题,从而更好地分析问题与解决问题。

## (四)信息化教学策略设计

建构主义理论下的信息化教学策略中,支架式教学、任务驱动式教学是比较成熟的教学策略,对提升信息化教学效果具有重要意义。下面具体分析这两大类教学策略。

### 1. 支架式教学

"支架"原为建筑隐喻,用来描述同行、成人或有成就的人在另一个人的学习过程中提供的有效支持。一些教育学家将"支架"解释为从学生的学习需要出发而为他们提供必要的帮助,当他们能力得到提升且达到一定的水平时将停止提供帮助。当学生面临的学习任务有难度时,教师根据学生的需要将一些重要的学习材料提供给学生,可将这些材料称作"学习支架"。教师并不是要不断给学生提供帮助,当学生对学习任务有了正确的理解,并知道该如何完成任务时,提供的帮助就要逐渐减少,最终停止对学生的帮助,由学生独立解决后面的问题,此时学习的责任由师生共同承担转移为由学生单独承担。

教师向学生提供学习支架,即提供帮助和支持,学生并不是要"全盘吸收"这些帮助,可以从实际需要出发而适当修改和选择"支架",而且学生在教师的支持与帮助下要学会对属于自己的学习支架进行创建,学会独立进行探索式学习,培养自己的探索能力和创新思维能力。

支架式教学中经常应用的学习支架有以下两种。

(1)范例

范例是符合学习要求、达成学习目标的阶段性学习成果或最终学习成果,它是最典型的学习成果形式。一般情况下,最重要的学习思路和学习步骤往往都包含于范例中。好的范例对学生学习具有良好的引导作用,包括主题上的引导和技术上的引导,范例并非都是有形实体,如电子文档等,也有可能是语言描述的学习过程或教师展示的示范性操作过程,这些形式的范例都能起到引导作用。

(2)指南向导

在学生自主探究式学习中,教师根据学生学习需要而提出的教学指导、教学建议,往往能够起到重要的引领和导航作用,学生听取教师的建议,在教师的引领下进行有目的的学习,往往能够少走弯路、少出错,从而提高学习效率。

2. 任务驱动式教学

"任务驱动式"教学就是在若干典型"任务"的驱动下展开教学活动，引导学生循序渐进地完成"任务"，从而得到清晰的思路、方法和知识的脉络。在引导学生完成一系列"任务"的过程中对学生的实践能力进行培养，如对问题的分析能力、寻找解决方案的能力、方案操作能力以及运用计算机进行信息收集和处理的能力等。在任务驱动式教学过程中要不断激发学生的好奇心，调动其学习欲望，对其独立自主学习的能力、主动探索的能力以及勇于开拓进取的精神进行培养，使学生在进步与收获中体验成功，提升成就感。

在信息化教学中采用任务驱动式教学策略，要特别注意以下几个方面的要求。

(1) 系统构建教学情境

利用计算机网络平台实施任务驱动式教学策略，要注重对网络连接的完善和对电子教室软件功能的改进，以便对学生操作情况进行监测。为给教师进行操作演示的重播提供便利，同时给操作能力落后的学生提供帮助，为操作水平高的学生展示作品、分享成果提供平台，则在条件允许时可以安装大屏幕。

需要注意的是，在教学情境的系统构建中对于有重要参考价值的素材和范例可以准备得多一些，从而为开阔学生的视野、调动学生的想象思维以及提升学生的探索能力而提供支持与帮助。

(2) 任务要有真实性

教师应设计具有真实性或与学生实际生活接近的、具有现实意义的学习任务，不要设计"虚拟"任务，真实的任务更有利于激发学生的求知欲和探索热情。

(3) 任务要有操作性、挑战性

教师要根据学生的真实水平来设计具有操作性、挑战性的任务，保证大部分学生可以完成任务，使其体验成功，获得成就感，增长自信，保持继续探索的热情和动力。

在课前可以预先安排一些教学任务，使学生在预习阶段先独立探究和思考，从而提高课堂教学效率。任务的挑战性要因人而异，教师应为高水平学生设计挑战性较大的学习任务,从而考验学生的真实水平,挖掘学生更多的潜能。

(4)注重内容体系的完整性

任务驱动式教学策略如果操作不当,容易造成教学内容碎片化的问题,从而无法保证教学内容的完整性和系统性,这样学生会将更多的注意力放到学习任务上而非学习内容上,使学习方向出现偏差。对此,教师应在实施任务驱动式教学策略的过程中不断强调学习目标以及学生目前状态与学习目标之间的距离。

教师可以将学习路线图展示于大屏幕上,使学生更清楚自己正处于哪一学习阶段,为解决学生理论知识掌握不足的问题,有必要安排专门的专题讲座,学生掌握理论知识有利于建立系统的理论框架,在建构主义理论下进行更加系统和完整的学习。

## 第三节 信息化环境下的教师专业发展研究

信息技术不仅是教育实践中的工具,也是教师专业发展有力的手段。在信息化社会中,教师不仅可以借助信息技术来开展教学,还可以通过信息技术来促进自身的专业发展,从而更好地服务于教学工作。本节将对信息化环境下的教师专业发展进行分析。

### 一、信息技术支持下教师专业发展的趋势

教师专业发展至今,已经取得了不小的成就。随着世界教育改革的进一步深化,教师教育和教师专业发展受到了前所未有的重视。在此大背景下,未来教师专业发展又会出现哪些趋势?以下就对信息化时代下教师专业发展的趋势进行具体说明。

(一)实现途径多样化

在信息技术的支持下,教师专业发展的途径不仅仅局限于培训班或

专家讲座等形式,而应呈现多样化。

首先,可以运用各种信息技术为教师教学实践反思搭建思想家交流平台。教师的教学实践反思是教师不断思考、反省和总结自身教学经验,从而不断调整、不断成长的过程。信息技术可以为教师的教学实践提供更高的教学思想反思平台,满足教师自主发展和群体交流的需要。

其次,可以通过开展"校本研修"活动促进教师专业发展。从本质上来说,校本研修是以学校为基地,通过校外专家和校内有经验教师的专业引领,促使本校教师专业可持续发展及提高学校办学水平的一种教育实践活动。

最后,可以通过信息技术建立教师学习共同体。教师学习共同体是教师围绕共同的目标进行合作学习,共同进行探究的一种学习型组织。在信息技术环境下,教师学习共同体实现的途径有很多,可以建立专门的教育论坛,也可以通过 QQ 聊天群、微信聊天群等实时聊天工具来实现。

(二)发展模式综合化

随着信息化社会的发展,信息技术在教育领域中得到了广泛的应用。在此背景下,教师急需得到信息化教学设计和实施方面的知识与技能的培养,这样教师才能为技术整合的教育目标、教学模式、合作的探究等的开展提供有力的指导,才能在教学中有效地将信息技术整合进去。信息技术条件下,教师专业发展必须寻找和探索新的发展模式。但传统的教师专业发展模式并不过时,因而在这种新形势下,教师可以根据实际条件和发展需要,综合选择和利用多种发展模式,以求最佳效果。

(三)评价方式的动态化和全面化

教育管理者十分重视评价手段对教师专业发展的促进作用。对教师的科学评价能够真实地记录教师专业发展过程中的关键信息,并就这些信息对教师专业发展的价值进行评判,为教师日后的成长提出一些有针对性的建议。在信息技术支持下,人们可以利用现代信息技术工具,实时、准确、完整地记录教师的学习、反思、实践活动,将评价活动与教师专业发展紧密结合,制定出一整套相对客观、完善的评价措施,对教师专业发展的过程和结果进行动态、客观的评估,促进教师的专业发展。

### (四)从个体专业向群体专业发展

教师个体可以凭借丰富的经验与专业知识很好地完成自己的教学与科研任务,但对于学校组织来说,仅仅依靠个别或者少数优秀教师是很难提高学校组织中整体的教学质量的。要想真正提高学校教学质量,形成学校特色,就必须要实现教师群体专业的发展,建立学校组织文化。因此,当代教师的专业发展呈现出从强调教师个体发展到整个团队或群体发展的趋势,教师团队和学校组织成为教师专业发展的重要支持力量。在信息时代,广大教师必须要适应信息化学习环境、资源和方法,真正做到将信息技术自觉地整合于课程教学中,从而优化教学活动,更好地实现教师专业发展的目标。

## 二、信息化环境下教师专业化发展的条件

### (一)国家政策的保障

关于国家在政策方面对教师信息素质培养策略的支持与保障,主要从相关通用教师教育技术能力标准的颁布与实施、教师相关信息技术能力的国家层面的培训项目支持等方面得到体现。

从国家政策保障的层面来说,在教师信息素质的培养和发展中,要重视教师教育技术能力中教师信息素质相关的明确要求,根据实际情况来对教师相关能力标准的规范进行适当调整,也不能忽视了教师相关能力的培训、考核与认证等方面的工作内容。经费投入方面也是需要重点关注的方面,由此来保证教学信息化发展的基础和条件,这样才能从政策和资金等方面有效保证教师信息化教学能力的培养和发展,使其多层面和终身化的实现得到保障。

### (二)学校组织的支持

教师的教育教学活动的开展都是在学校中进行的,可以说,学校是教师教育教学活动的场所,教师教学能力的发挥也需要在这样的平台上来实现。

对于教师信息素质的培养与发展来说,这一目标是需要在一定的支持条件下才能实现的,而重要的条件之一就是学校组织的支持。具体来说,这一支持包含着丰富的内容,如校长的支持、资源的准备、培训的参与、教学的交流等。

### (三)教师成长的动力

教师的信息素质培养和发展要具备重要的条件,这一条件主要是指外部因素,而起关键性作用的是内因,换言之,教师自身必须具备培养和发展的最终内驱力,才有可能实现信息素质培养和发展的目标。一般来说,教师信息素质培养和发展的内因主要包括教师自身的自信心、正确的态度、时间保证、知识的准备等。同时,信息化社会教师的专业成长需要也对教师信息素质的培养和发展起到了积极的促进作用。

### (四)以协作教学为主的对话交流

教师的信息素质包含的能力有很多,其中之一就是信息化协作教学能力。教学观摩、教学研讨、协作交流、协作科研等都属于教师协作化教学能力的范畴。某种意义上,教师在信息化社会中以协作教学为主的对话交流策略是对现代社会的一种体现,具有显著的时代性特点。

## 三、信息化环境下教师专业发展的途径

### (一)改变因循守旧的教育观念:从以教为中心到以学为中心

21世纪的学习者被称为"数字原住民",尤其是"90后"和"00后",他们都是伴随着互联网、手机和平板电脑长大的,他们在很小的时候就已经具备了一定的知识储备和信息素养。

在这个大环境下,假如我们的教学方式依然是"以教为中心",那么教师就会把所有的学生放在同一个模具上,不管学生差异有多大,这样很多学生可能会跟不上教师的节奏而被迫停止学习,或是做出另外的决定。

2010年的美国国家教育技术计划提道:"教育部门可以从企业部

门学习的经验是,如果想要看到教育生产力的显著提高,就需要进行由技术支持的重大结构性变革,而不是渐进式的修修补补。"引起这种重大结构性变革的核心就在于教育观念的变革:从"以教为中心"到"以学为中心"。

俗话说"教无定法",技术的发展为传统教学带来了巨大的冲击,技术与教育的深度融合将促成多种教育形态的出现。"以教为中心"和"以学为中心"的鸿沟终将被技术填平,因此,及时转变观念,当下正好。

(二)转变教师角色:从"教书匠"到"人生导师"

导师这个词源于希腊语,代表着知识和智慧,从这个意义上讲,它非常符合传统的导师的特质,他们都是传播知识和伦理的人。

在人们的印象中,大多数老师都是"教书匠"。"人生导师"式的教师不但要给学员提供专业的指导,更要教导他们如何做人、做事,以及如何处理工作中的人际关系,进而让他们在生活与工作中如鱼得水。网络在线教学的发展给了老师更多自由发挥的机会,让他们将"人生导师"这一角色演绎得更好。比如,美国有些大学始终给学生安排一位老师,该老师在学生毕业前一直跟随着学生,这样导师与学生之间的关系是稳定、持久的超过"学生与教师"身份的相互关系。在教学大数据的帮助下,可以为不同年龄、不同性格的孩子制订个性化的教学计划。例如,在公共学院里,"导师"是一种比较完善的教育形式。通过这种方式,老师们可以有更多的时间关注每位学生的学习状况和心理状况,把老师的精力从课堂上转移到一对一的辅导和关怀上。老师不再只是一个传授者,而是一个教育研究者,一个学生生活的向导,一个学习的向导,一个游戏的伙伴,一个工作的伙伴。新来的教师往往注重自身的教学,"导师"制促使新老师从注重自身的教学到重视学生的"学"的转变,从而实现了对教师素质的全面提升。

未来,包括小学、初中、高中在内的许多学校都会加入进来,通过在线教育进行教学,调整教师的引进、培训和评估,形成一个崭新的团队。他们将更多的精力放在指导和帮助学生解决问题与引导学生上,而不是拿着课本和投影机进行照本宣科式的教学。

### (三)组建创新团队:促进教师个体的专业化分工

在工厂型学校的教育中,只要老师能做好自己的教学工作就行了。随着科技的进步,学习者学习方式的变化以及多种新型教育方式的涌现,将会推动老师由单一的传道人向综合型发展:可以制作课件,可以录制视频,也可以使用多种软件来指导学习。但是,并不是所有的人都有充足的时间和精力成长为复合型人才,最有效的方法是组建新型的教学团队,在这个团队里,教师可以根据自己的特长选择不同的角色:注重教学设计,调整教学方案打造精准教学的教师;致力于课程的研发和应用;专注视频录制和各种教育软件的技术人员;负责班内的日常工作;给学生提供生活学习智慧、社会资源、指路明灯的人生导师;设计评估模式并进行全面评估的教师;实行科学决策的教师;算法专家等。组建创新团队可以有效促进教师专业化分工。

教师可以按照自己的工作任务和目标,组织或参加相关的小组,如自治型团队和职能型团队。自治型团队具有管理简单和操作灵活的优点。比如说,有些老师想要在网上开设一些课外活动,因为这是一种自发的做法,并不要求太多的专业人士参加,只要不耽误课程的进度和最终的评估即可。在商业领域,自治型团队往往被用于开发适应新的市场需要的经济模式,而在教育界,由于其灵活、自主的特点,更适宜于在教学的初期进行一些大胆的探索与尝试,如"对分课堂"模式就是由自治型团队在充分的教学实践后所提出的。如果有实质性的流程发生变化,如将翻转课堂的课时减少一半,另一半改为线上学习时,或者参与正式的教学改革项目时,如"国家精品在线课程"或者"金课"的打造,就需要职能型团队的支持。该团队由行政人员与各个部门的老师联系,掌握相关的信息,制定相关的规章制度。在此基础上,教学科研工作者需要考虑哪些课程需要整合,需要对教学模式和教学内容进行研究、讨论和整合,并给出一个切实可行的教学计划。这期间,还涉及教师教学发展中心组织相关的培训项目,以及教育技术中心的技术支持。最后,由教学人员实施。职能型团队对于进行颠覆式的教育革新具有十分关键的作用,并且一直活跃在变革过程中。由于该团队的出现,教学创新者可以摆脱岗位、设备和技术的束缚,开创一种新型的教育方式,如实现个性化学习、提高学习效率以及高效地使用学习数据等。

教师还可以通过组队教学来实现组建创新团队。"教会一个人"这个项目的教室与传统的教室完全不同,它的一节课可以同时拥有4～5间教室,并且这些教室的作用是不同的。有的教室是教师用来集中解答大多数学生问题的,有的教室是学生用来进行小组合作学习的,有的教室是学生用来进行自学的,还有的教室是学生利用学校提供的电脑进行在线学习的。

学生可以自由地选择自己的学业,自由度极大。教师团队合作可以使课堂上产生新的火花,并能从其他老师和同学身上得到认同和满足。现在的教育常常是由一位老师、一节课、一个教室,教师关门享受着所有学生的目光,当然偶尔也会有老师过来听课,给出一些教学建议,但是这还远远不够,尤其是对新教师来讲。如果教学团队拥有足够的权利,工作单位减少管控,并对每位老师的职责进行清晰化,则整个队伍的责任感、成就感、认同感都会随之提升,为新型的教育模式提供更好的服务。

(四)拓展教师知识体系:整合技术的学科教学知识(TPACK)

TPACK是Techno-logical Pedagogical Content Knowledge的缩写,即整合技术的学科教学知识,一个更加综合、更加宏大的知识体系摆在了众多老师的面前。TPACK在教学知识(PK)、内容知识(CK)的基础上增加了技术知识(TK)。对于21世纪的教师而言,随着在线学习、云计算、大数据等新技术在教育领域的广泛应用,TPACK知识体系的建立成为教师专业化发展的重要组成部分。掌握TPACK知识体系框架,将有助于教师使用不同的信息技术加强学生的学习,同时促进信息技术与教育教学的深度融合。

1. 在真实情境中学习

教师在学习技术与教学知识整合时,并不意味着技术能够通过直截了当、开门见山的模式传授给教师。那教师应当怎样学习技术整合的知识? Koehler与Mishra指出必须结合一定的教学情境来发展教师的TPACK素养。通过创设真实的任务,教师经历具体解决问题的过程,才能自然而然地运用技术,并加深对技术整合的理解。

目前,很多高校开展了混合式教学、翻转教学试点工作。在此过程中,试点课程的教师们为了达到更好的教学效果,通过参加培训、外出学习、同伴交流等方式，逐步掌握了教学微视频制作、线上教学辅导、知识点拆分与课程重构的方法和技巧，有的老师还懂得了如何利用学习数据改进教学。因此，仅仅靠一两本教育技术的书籍是不能完成 TPACK 知识体系的构建的，只有在真实的情境中依托具体的任务，教师才更易实现 TPACK 的专业学习。

### 2. 游戏式的任务促进 TPACK 学习

由克勒(Koehler)等人创设的 TPACK 游戏，旨在让教师利用技术教学内容知识，通过特定化的教学情境来进行创设的活动体系。这个游戏是这样进行的。首先，一名组织者分别准备三类纸条，一类纸条上呈现各学科的主题内容，一类呈现多样化的教学策略(如讲解法、讲授法、实习作业法、参观法、小组讨论法、合作学习、同伴互助等)以及多种技术类型(如思维导图、电子表格、PPT、文档、微博等)，并将三类纸条分别装入三个纸箱中。每位教师成员分别从其中的两个箱子中抽取纸条，根据抽取纸条的内容来设计第三方面的内容，当然设计也有一定的要求，教师要将三者实现最优化的组合为学生服务。教师在参与 TPACK 游戏后，确实取得了一定的进步，为课堂带来了许多创意与灵感：在科学课上，教师组织学生使用现代化电子设备，通过音频、视频的方式对科学探究过程进行详细记录等。

### (五)善假于物：利用信息技术工具解决教学中的具体问题

通过运用各种技术和工具，可以帮助老师在课堂中完成各种复杂的教学任务，提高课堂管理的有效性，促进师生互动，及时提供反馈与评价，采集课堂学习数据。

最常见的是课堂点击器(Clicker)以及各类手机 App。App 的优势是无须购买其他设备，只需要软件就可以进行教学，而且功能比教室里的点击器要多得多。另外，每节课教学过程的资料都被录入到了管理系统中，为教师进行形成性评估提供了一定的依据。熟练掌握并使用信息技术工具，能够帮助老师解决以下几类教学问题。

### 1. 有效实现大班级迅速签到

在大班级教学中，利用科技的方法可以有效地进行数百位同学的点名签到。大部分的 App 都是有签到功能的,老师说要签到,就会启动签到,提醒所有人尽快签到,然后关掉,这是为了防止其他同学冒充。另外,该系统还能利用手势口令等方法快速地进行手势签名,从而提高了签到的准确性和公平性。通过这个技术,哪怕是 100 个人一起上课,也能在最短的时间里完成整个签到工作,因此,有些教师会在上课的过程中或者课程快要结束的时候进行再签到,为了防止刚上课签到完有的学生中途就溜走了。

2. 针对具体的知识点,快速了解学生的掌握情况

在传统的课堂上,教师讲解完一个知识要点以后,难以及时地把握学生对这一知识点是否理解。如今,借助技术手段,老师可以将自己提前做好的客观题交给学生。当学生答完之后,老师和学生都能及时得到该题的回答情况,其中有多少人回答正确,有多少人回答错误,出现错误的具体问题集中在哪里等。如果正确率较高,教师可以继续后面知识点的讲解,如果错误人数或问题较多,教师可以就该问题继续做深入的讲解。通过利用 App 的客观题按需推送这一功能,可以帮助学生建立安全感,让他们勇于回答问题,不必担心因回答错误而引起他人笑话的问题。此外,除去客观题推送,还可以利用"投票"这一功能迅速了解学生对某一热点问题的态度和看法。

3. 面对开放性问题,让喜欢沉默的学生也能参与其中

教师提问时,在手机端开启随机抽问的功能,将从本班学生中随机抽取一位学生回答问题。这种随机提问的优势就是可以避免每次都是那几个活跃的学生参与回答问题,由于存在着一定的随机性,因此,老师提问之后,每位学生都要积极地进行思考。经过一段时间的学习,老师对班级的情况有了一定的认识,就可以在教室里指派一个不喜欢发言的学生来回答问题,此时可以通过手机 App 记录发言学生的课堂表现,计入平时成绩。

4. 迅速划分学习小组

组织课堂小组讨论是一种常见的教学活动,在传统教学中,人们常常就近进行分组,以节省上课的时间,而忽略了小组间的同质性、异质

性、小组竞争以及相对的稳定性。利用技术手段，能够快速地进行分组，并能很好地确保其差异性、互补性、平衡性和稳定性。在上课前，教师利用手机 App 设置问题，并根据自己对学生的认识，按照小组划分的基本原则，指定该讨论题的小组成员。当课程讨论任务开始时，老师通过手机发布讨论题目及小组划分结果。有时，在遇到相对简单的问题时，也可以采用随机分组和自由组合的方法来增加趣味性。

5. 及时将小组讨论结果分享给每一位学生

在传统课堂中，学生很少能在第一时间与大家共享小组的讨论结果。其实，了解别人的想法，对自己的研究也有很大的启发和促进作用。利用手机 App 的拍照上传功能，大家可以在各个小组进行交流之后，将自己小组的解题过程和答题要点拍照分享，让大家都可以在自己的手机里看到其他小组的答题情况。

（六）开展现代化的学生评价

长期以来，传统的学生评估体系过分强调评价的总结性功能和选拔功能，把学生评价局限于服务学校的管理，而变成了学校控制教学、教师管理学生的主要手段。这种功能上的偏差，不仅会极大地阻碍学生评价积极作用的发挥，而且还会产生一些与此有关的问题：将考试与测验当作唯一的考核方式，忽略了综合评估，或是过度地追逐成绩，由于在学生评估中存在着主观因素，很难确保其客观、准确、公平。

如今，学生评价的变革迎来了契机，得益于大数据思维、技术和方法的支持，现代化的学生评价将体现个体标准的差异性，评价内容更为全面，评价方法和评价主体更加多元化。与传统的学生评估相比，现代化的学生评估由注重效果转向注重过程，从对学生的认知评价向全面综合性评价扩展。在对学生进行客观、准确和全面的评价时，可以从以下几个方面寻求突破。

1. 全面采集学生数据

以往，我们经常根据结果来推断出学生在什么地方会犯错，这实际上是不靠谱的，而且还有许多超出我们的猜测，所以我们只能把它归为"偶然"。墨菲定律说："所有的巧合都是不可避免的。"一个看上去毫无关联的数据可能会对一个孩子的发展产生很大的作用。大数据具有显微化的能力,可以深入地挖掘学生的资料,给老师提供一个多维度的学习者形象,采集的数据越多,呈现出的学习者形象就越完整。

因此,在数据采集的过程中,应从全面性入手,从各个角度对学生进行数据采集。像道德、审美、体育和健康这些与学业无关的信息,在大数据的作用下都会产生很好的关联度,从而对学生的评估起到很好的辅助作用。上海外国语大学附属大境中学于2010年引入了一种多媒体互动益智测训平台。该系统不仅利用数学模型对解题策略和思维效率进行评价,还利用智能型卡采集并记录学生的饮食、作息、学习状况,对学生的行为进行实时监测,并生成可视化报告呈现在教师眼前。

此外,过程数据同样重要,相对于成绩,学习过程数据更能发现问题。比如,学生个人和整体在每道题上花费了多少时间,最长的是多少,最短的是多少,平均又是多少,哪些重复出现的问题学生又答错了,哪些问题的线索让学生获益了……这些过程数据可以让老师及时介入学习,有效地发现学生的问题所在,更加客观、全面地评价学生。

"渴望学习"(Desirez Learn)这家公司的新产品名为"学生成功系统"(Student Success System),它主要通过学生在线阅读、电子作业评估、在线讨论与交流、考试与平时测验的分析,为教师呈现学生评估结果。该结果不是一个简单的分数,它具有非常重要的详细信息。通过这种方法,老师可以及时地找到问题,并给出相应的改进意见,以此来评估学生每个阶段的学习效果。具体来说,通过对知识要点的理解来评估学生的学习效果;根据学习资源的利用状况,评估学生的学习方法和策略;通过对不同学习阶段学生学习情况的研究,对学习兴趣和学习态度进行评估。在这种情况下,学生的学习将是一个透明和公开的过程,老师要对课堂的教学和学生的学习进行反思,并及时找出问题所在,以便合理地组织教材,改进教学方式,促进过程性评价。大数据时代,学生的评价变革与教学、课程等密切相关,课程—教学—数据—评价—课程形成了一个循环系统。

2. 以"人工智能"代替老师的部分评价工作

随着人工智能技术的不断发展,各个领域都在发生着巨大的变化。利用人工智能辅助教师的评价,既可以减少教师的工作压力,又可以使教师评价在一定程度上更加客观和准确。

　　大连商业学校用人工智能技术对 600 份英语作文进行了批改,运用智能化的技术,能够更精确地检测到英语写作中出现的词组搭配、词汇和语法等方面的问题,并给出相应的改进意见。随着英语语料库的不断丰富,使得智能评分更加准确。学生利用智能评估工具,不但可以及时查看自己的分数,而且可以通过修正意见找出自己的错误,如词组搭配、语法、单词拼写等。学生可以按照评价意见进行修改,可再次进行提交,进行再次评价。

# 第三章 远程教育研究

在远程教育中,教学是学校的中心工作,是实现教育目的和教育功能的主要依托,也是衡量教育质量的关键因素。中国的各行各业正在进入"互联网+"时代。以云计算、移动互联网、大数据技术等为代表的互联网技术正在深刻影响着人们的生产生活方式。教育领域也深受互联网的影响,"互联网+教育"已成为当前教育界最热门的话题之一,大量的实践探索和学术研究正在围绕其展开。本章对远程教育及其中云计算技术的应用展开研究。

## 第一节 远程教育的内涵与基本原理

### 一、现代远程教育的内涵

国际著名远程教育学家德斯蒙德·基更(Desmond Keegan)于1986年在其名著《远程教育基础》中,给了远程教育一个公认的定义,他从远程教育的基本特性出发做如下描述。

第一,教师和学生分离(与常规面对面教学相区别)。

第二,教育组织的影响(与个别化学习及自学相区别)。

第三,技术媒体的使用,包括印刷的、机械的、电子的,把教师和学生联系起来并传递教学内容。

第四,提供双向通信,使学生从中受益或启发对话。

第五,为了教学和社会两方面的目的可能召开必要的会议。

第六,参与教育工业化形式(与所有其他教育形式相区别)。

基更的这个定义对远程教育的描述几乎无可挑剔,但这只是一个描述性定义,对于远程教育的本质并没有涉及。

通过这些描述我们可以看出,远程教育的形式是师生分离,远程教育的服务是基于信息技术的教学交互支持,远程教育的基础是师生的信息技术能力,远程学习的材料呈现出网络化、媒体化趋势,远程教育的教学模式是混合多样的。

由此我们可以得到一个比较科学的远程教育的定义:远程教育是以教师与学生的永久性分离为基本特征,以先进的教育手段和方法,以开放性的教育内容和形式,以后现代性的教育观念、策略、目的为本质特征的教育形式。

## 二、远程教育的相关理论

随着远程教育的发展,其理论体系日趋成熟。这些理论对远程教育的系统和管理具有非常重要的指导和借鉴意义。例如,基更对远程教育基本特征的六点描述揭示了远程教育系统的本质特征,也是远程教育系统管理的基本出发点。"以学生为中心"是国际远程教育的共识之一,也是远程教育系统管理的核心内容。它不仅体现在远程教育系统和多媒体教学资源的设计、开发和管理中,还贯穿于远程教育全过程对学生的学习支持和服务,以及远程教育管理系统的各个环节和不同层次。魏德迈的自主学习理论和摩尔的学生自主理论对远程教育系统中学生自主学习的环境创造和策略选择、教师角色的转变、远程学习和管理系统的设计以及加强教学管理服务具有重要的指导意义。

# 第二节 远程教育的教学系统与课程开发

## 一、远程教育的教学系统

将教学视为一个系统是现代教育的基本特征。随着系统科学的发展,人们越来越倾向于使用系统论的方法,将教学视为由若干相互关联的要素组成的具有特定功能的复杂系统,即教学系统。因此,远程教育被视为一个由许多相关要素组成的具有特定功能的复杂系统,即远程教育系统。

远程教育系统是远程教育社会开放系统的运行子系统,构成远程教育微观层面的远程学习时空城市,以学生为中心,注重学生自主学习,整合学习资源和学习过程。其本质是远程教育运行(教学)系统中学生、教师和课程之间的时空互动。

(一)教学子系统

教学子系统的功能是通过教师现场教学向学生传授知识和技能。根据教学子系统中教师与学生之间的互动,系统可以进一步分为两种类型:单向系统和双向系统。

单向系统通常使用单向广播进行教学,这种方法类似于电视节目的直播。虽然学生在课堂上可以看到老师的形象,听到老师的声音,但由于信息的传递是单向的,老师看不到学生,也听不到他们的声音,因此师生之间的互动无法进行。这种教学方法虽然不是交互式的,但有其自身的优势。

首先,它的系统覆盖范围可以很大,可以覆盖所有偏远地区,因此具有一定的规模效益。

其次,由于是单向广播,其接收技术和设备简单,网络建设和网络使用成本低。

最后,由于对传输网络的技术要求较低,我们可以直接使用国内已经建成的大量单向网络传输系统,如卫星电视网络、有线电视网络等。最近使用单向通信的远程教育系统主要使用视频广播。

在双向系统中,学生不仅可以看到老师的形象、听到老师的声音,而且教师可以了解每个终端的学生情况,根据学生的情况调整教学策略,控制教学过程,还可以向学生提问,从学生那里得到答案。整个教学过程基于双向传输网络系统和多媒体计算机终端,由于每个终端都需要发送和接收信号,因此,双向系统的终端设备应具有比单向系统终端设备更强大的功能。由于对网络信息双向传输的要求,整个网络技术指标也相应提高,所有这些决定了双向系统的建设和使用成本远高于单向系统。当然,双向系统的教学效果可能比单向系统更好。由于双向系统可以实现师生之间的互动,实际上相当于将面对面课堂教学方法从课堂转移到互联网,更符合学生通常的学习习惯,具有良好的教学效果。现阶段,实时双向系统主要是通过视频会议系统的方式构建。

### (二)学习支持服务子系统

学习支持服务子系统是现代远程教育的重要组成部分,其主要功能是远程教育机构及其代表教师为远程学生提供的各种信息、资源、人员和设施支持服务的总和,主要基于师生或学生之间的人际教学和基于技术媒体的双向沟通。

由于远程学习是具有高度自主性的自主学习,参与远程学习的学生不一定掌握自主学习的方法,学生的自主学习能力、自我控制能力都会受到影响,选择信息资源的能力和控制学习过程的能力需要在教师的指导和帮助下逐步培养和发展。建立健全的学习支持服务体系,有助于引导、帮助和促进学生自主学习,提高远程学习的质量和效果。

## 二、远程教育资源与课程建设

远程教育课程与远程教育资源是相互整合的,既没有资源的课程,也没有课程的资源。一般来说,课程是指学科,资源是指特定学科的内容和载体。资源通过不同的载体形式(如文本教科书、教学程序、在线课程、多媒体课件等)承载特定的主题,即课程内容。

远程教育资源的设计应树立多媒体优化的理念,立体教材就是这种指导思想的产物。不同的媒体具有不同的表现力、不同的学习者参与方法、不同的成本、不同的可访问性和易用性及不同的用户终端。总体来说,书面教科书是最方便携带的资源。视频资源、网络课程、多媒体课件等都需要特定的设备和条件,其便携性和易用性比书面教材差。

### (一)文字类教学资源建设

文本教材是最基本的教学资源。除教材外,还可以有教学指导材料、实践教学环节、形成性评估练习册和期末复习指导,它们和其他形式的教学资源应整合到教学资源整合设计的框架中。

新编写的教材不仅要符合大学教材编写的一般规范,而且要充分体现远程开放教育的特点。新编写的开放教育试点文本主教材应注意与多媒体教学资源的有机协调。教学指导材料的编制必须与主要教材紧密结合,介绍本课程的预备知识,讲解重点和难点,分析典型案例和实例,设计综合练习和复习指导等。实践教学环节指导主要是社会调查、实践、实验、大规模作业、课程设计、毕业设计等的指导。形成性评估练习主要指系统安排的作业,其应涵盖整个教学内容,为学生提供回答问题和标准评分要求的空间,并达到让学生通过形成性评估活动消化所学知识的目的。

1. 文本教材的内容

文本教材的内容包括两个方面:课程教学内容和自学指导内容。课程教学内容是指本课程教学大纲中规定的教学内容。自学指导的内容包括对本课程教学要求的描述、学习方法的指导、重点难点分析、举例和自测等。

2. 编写组的组成和分工

编辑组由总编辑和参与者组成,总编辑是编辑组组长。主要教材编写组应由五人以上组成,辅助教材编写组由三人以上组成。编辑组实行主编责任制。编辑组负责编写书面教材,并担任统一草案的主编。

3. 文字教材的编写

大纲和样本章节将大纲要求的教学内容细化为教科书编写的章节、知识点和其他细节,并确定书面教科书的编写大纲;编写样本章节,确定教科书的编写风格(包括版式设计)和编写要求。

4. 审定

教科书审批实行"编审分离"原则。教科书的首席审稿人必须是业内知名专家。教材的审批由主任评审员独立进行,或根据需要由主任评审组织多名专家进行。主任评审员根据教学大纲对教材进行审核和批准,并撰写科学和教学方面的书面批准意见,该意见呈学校教学资源建设委员会批准通过。

5. 出版要求和发行工作

文本教材在版式设计、编辑出版、印刷质量等方面应符合国家有关规定。文本教材名称与课程名称基本一致。教科书的编辑应以实际作者为准,并保护作者的版权。文本教材的发放按照国家有关规定执行。

(二)音像类教学资源建设

视听教学资源包括音频教学资源和视频教学资源。音频教学资源主要用于只需描述的语言和知识教学内容,它通常被学生用来自学。视频教学资源的教学内容应与文本教材内容紧密匹配和补充,避免简单重复,并起到辅助、深化和加强教学的作用,要突出教学性、指导性和互动性。

根据教学大纲和多媒体教学资源综合设计方案制作的视听资料,启动前应准备好文本脚本和分镜头脚本,流媒体课件应准备 PPT 文件;制作完成并经批准验收后方可作为视听教材使用。

(三)IP(流媒体课件)制作

制作 IP 课件有两种方法,可以直接制作 IP 课件,也可以先制作直播课程,然后将直播课程制作成 IP 课件(流媒体)。IP 课件的主要内容是一门涵盖本课程所有知识点的教程,包括重点和难点指导以及期末复习指导。现场直播的课程应具有高标准和一定的权威性。广播前应经主管部门审查,广播内容和质量合格后方可广播。

1. 文件(夹)结构和命名

根据一门课程的课件制作情况,课件制作的文件(夹)结构可以分为四级,其命名规则是根据课程名称和文件类型来制定。

2. 页面

(1)主页面

主页中应该有一些统一的元素。主页中包含的主要元素有学校徽标、视频、知识点标题、手稿、课程名称、讲师介绍、使用说明（帮助）、制作单位名称等。固定大小和颜色的徽标应放置在课件页面的左上角。课程名称应放在突出位置，字体应略大于文本；应标明生产单位名称，字体大小为14.8px，颜色鲜艳；如果在图片中绘制"××大学课程"字样，请注意与背景颜色的对比，并采取醒目的原则。教师配置文件放置在单独的弹出窗口中，添加帮助信息链接，内容是课件的功能以及如何使用的详细说明。同时，为课件的介绍添加说明性文字，加入Windows Media Player的下载链接。此外，如果在课件中使用iframe，则需要添加链接以下载IE5.5及以上版本。

(2)正文

要注意一个知识点链接的文稿必须在同一区域内打开、用统一的背景、统一使用全角标点符号等。

## 第三节 远程教育的管理与评价

### 一、远程教育系统的管理

（一）远程教育系统管理的内涵

远程教育系统管理的内涵可以从不同的角度进行分析。这里我们从教学管理的一般概念出发，将其定义为：管理者根据远程教育的规律和管理活动的一般原则，通过规划、组织、协调、控制、监督等手段，合理组合教学系统各要素的过程，使系统有序高效地运行，从而提高教学效率。

（二）远程教育系统管理的组成要素

远程教育系统管理的要素也可以从不同的角度进行分析。例如，从管理的一般要素出发，主要包括三个要素：管理主体、管理对象和管理手段。其中,管理主体不仅包括教师及相关教学管理人员和教育技术人员,还包括学生,因为在远程教育系统的管理中,强调学生的自主管理;管理对象主要包括人(主要指学生,当然也包括教师,因为学校应该为教师提供良好的教学和工作环境)、资金、物资(主要指教学设备、设施、资源、材料等)、事物(包括教学过程的各个方面和环节,如招生管理、专业管理、课程管理、资源管理、教学实施管理、评估管理、学位管理等)、时间、空间和信息;管理手段包括以人为本管理、系统管理、目标管理、质量管理等。

此外,若从管理的职能要素出发,其主要包括"计划、执行、检查、总结"四要素(戴明循环理论),或"计划、组织、指挥、协调、控制、激励、决策"七要素等。

(三)远程教育系统管理的基本特征

教学管理的基本特征为主体性、整体性、科学性、目的性和效益性。由于远程教育系统的复杂性与多样性,因而与传统的教学管理相比,远程教育系统的管理具有以下特征。

1. 开放性

开放性是现代远程教育的重要特征之一,也是远程教育系统管理的重要特征,即在教学管理理念、管理内容、管理方式、管理方法、管理范围、管理时间和空间等方面向全社会和学习者开放。要尽可能地为广大学生提供接受高质量远程教育的机会,使他们能够自主选择专业、课程和教学资源、学习时间、地点和内容。

2. 人本性

在所有管理要素中,人是最重要的因素。因此,在远程教育系统的管理中,强调"以人为本"的管理理念和"以学习者为中心"的基本原则,强调学生学习支持服务体系的建设,处处考虑学习者,尽可能为学生提供方便周到的个性化服务。同时,还注意充分调动广大教师、教学管理人员和技术人员的积极性,不断建立和完善教学激励和评价机制,为他们提供良好的教学环境和工作氛围,确保各项教学工作高效有序地开展。

3. 规范化

教学质量是远程教育可持续发展的重要保证。因此,在远程教育系统的管理中,非常重视教学质量保证体系的建设,整个教学过程的质量监控和反馈、教学管理体系的建设以及专业标准、课程标准和教学资源的制定,对教学组织和实施效果进行检查和评价,将形成性评价与终结性评价相结合,使教学管理更加科学规范。

## 二、远程教育系统分析与管理研究

### (一)招生工作与管理

招生在远程教育系统中起着非常重要的作用,它是远程教育系统的入口,是保证教育公平正义的重要前提,是学生进入学校接受远程教育的第一渠道,是远程教育服务社会的"第一窗口"。

从目前情况来看,我国在招生管理中学校仍缺乏科学的招生专业生源预测机制,制订招生计划的依据不足;一些学校报告的专业和入学人数尚未得到充分调查和证明,也没有足够的数据支持;社会需求与学校实际办学条件存在较大差距;招生计划和审批中存在许多人为因素。

随着学生个性化学习需求和在线教育的发展,我们需要逐步突破学期制的概念,为学生提供随时入学的机会。目前,广播电视大学已经在春季和秋季实施招生。然而,学生随时学习的问题一直没有得到解决。主要原因是:一方面,电大(国家开放大学)招生计划需报教育部审批,没有自主招生的权利;另一方面,任何时候的招聘和录取应与任何时候的考试和毕业同时进行。因此,涉及教学体制和管理多方面的改革需要深入研究和设计。

### (二)专业管理

1. 专业管理的内涵

在远程教育中,专业是人才培养的基本形式。专业建设是远程教育与社会需求和学习者需求的结合,也是保证人才培养市场化的首要和关键环节。专业管理是指管理者围绕人才培养目标和专业建设目标,建立以需求为导向的专业管理体系,在一定的原则指导下,协调和控制教育内外可以提供的各种因素(人、财、物、时间、空间、信息等),使专业建设持续、稳定、有序、高效。

2. 专业管理的工作流程与实施策略

分析专业管理主要涉及专业标准的制定、专业设置管理、专业教学实施管理、专业教学质量监控与评价等多方面内容。广播电视大学专业管理的主要环节和实施策略如下所述。

(1)专业标准制定

专业标准是对本专业应达到的目标、规范、质量、效果等方面的具体要求和规定,也是本专业建设、实施、管理和评价的重要依据。它们可以分为不同的层次。例如,专业设置标准、专业施工标准、专业收费标准、专业评估标准和高质量专业标准。

(2)专业设置管理

专业设置是社会需求与学校实际教学工作之间的纽带,也是学校教育教学特点的集中体现,主要包括专业设置的调查与论证、专业设置计划的制订、专业培训计划的制订和专业开设计划的制订。

专业设置管理主要体现在如何制定科学合理的专业设置原则和工作程序,不断规范专业设置行为,形成良好的专业结构。

第一,要求各专业在开课前进行全面论证和研究,提交专业论证报告,预测当前专业人才需求和生源,预测国内专业教育的举办情况和发展趋势以及人才培养目标的定位。学校对相关专业的招生情况、该专业的竞争优势、师资和教学资源的现状、专业建设的机制和设想进行分析论证。

第二,制定并遵循专业设置的基本原则,主要包括适应需要原则、必要条件原则、科学规范原则、相对稳定原则、前瞻性原则和效益最大化原则。

第三,对专业培训计划的内容、编制原则和程序做出规定。其中,课程的主要内容包括:专业培养目标、培养规格、学制和毕业标准、课程设置、实践教学环节设置、教学过程的总体安排以及必要的说明。

第四,在对各专业设置规划和培训方案进行论证和研究的基础上,制订每学期的专业开设计划。

(三)课程管理

1. 课程管理的内涵

在教育领域,课程是人们经常使用的概念,也是含义最复杂、歧义最多的概念之一。尽管国内外许多学者对这一问题进行了大量的讨论,但尚未形成统一的课程观。这里我们将远程教育课程管理定义为:课程管理者对远程教育课程系统中的人、物、时间、空间和信息进行规划、组织、指挥、协调、控制和决策,以有效实现课程目标。

2. 课程管理的主要环节与实施策略分析

在远程教育中,由于教与学的相对分离和课程类型的不同,课程管理涉及多层次,主要包括课程目标管理、课程计划(设置)管理、课程内容管理、课程建设(资源)管理、课程实施管理和课程评价管理。

电大课程管理的特点主要体现在课程的规范性、灵活性和适应性以及课程平台的建设上,整合设计多媒体课程资源,共享优质资源,编制课程教学设计方案和以课程为单位进行教学组织。其主要环节和实施策略如下所述。

(1)课程设置与管理

课程设置是指学校提供的教学科目之间的结构关系以及各科目的学分和学时分布,为学生建立科学合理的知识、能力和质量结构。在远程教育课程设置中,强调了以下原则:课程设置与培养目标的一致性原则和结构合理性原则。课程结构是指课程各部分的组织与配合,其主要包括以下几方面。

①必修课程和选修课程的比例适宜。

②统设课程和非统设课程的比例适宜。

③基础课程、专业基础课程、专业课程(专业课)的比例适宜。为适应终身教育和学习型社会的发展,远程教育需要加强文科的渗透,重视基础知识和基础理论的学习,适当增加基础课程的比例,设置一定数量的综合课程,加强对基础知识和基本理论的学习,把素质教育的内容渗透到各个学科和课程中。

④理论课程与实践课程的比例适宜。根据社会发展的需要和课程教学的要求,开设一些实用技能课程,并面向各专业所针对的专业岗位。开设一些职业技术培训课程,使学生在实际操作和应用能力方面接受全面培训。

(2) 课程平台的搭建与管理

随着社会的进步和远程教育的发展,学生的个性化学习需求日益增强。为此,搭建"课程平台",建立"课程超市"和"学分银行",按课程组织教学等教学理念已成为现代远程教育的发展趋势。

(3) 多种媒体课程资源的一体化设计与管理

远程教育课程多媒体教学资源的设计是远程教育课程建设质量的重要保证。多媒体教学资源综合设计方案(以下简称"综合方案")是根据拟议课程大纲的要求制定的。从教学方法、教学环节、各种教学媒体的使用与配合等方面提出的具体方案,是多媒体教材建设的基本框架和设计蓝图,也是对已建教材进行评审、验收和评价的依据。其主要内容包括:多媒体教学资源的总体设计方案、书面教材的编写方案、视听教材的编制方案、CAI课件、在线课程或其他媒体资源。在计划编制过程中,为了保证综合计划的合理性和多媒体教材的质量,中央广播电视大学要求在提供计划的同时提供相应的教材样本。本课程多媒体教学资源建设经专家评审会批准后,方可正式开展。此外,为了充分发挥远程教育的资源优势,电大还成立了全国电大教学资源协作会,并与相关部委、行业和普通高校建立了共建共享机制,及时开发、吸收、利用、整合、共享、创新、发展,引进和应用国内外优质课程和教学资源。

3. 教学过程管理中的主要问题

(1) 管理机制与运作问题

由于教学过程管理涉及多个环节,往往需要多个教学管理部门的密切配合,不断加强对每个教学环节的质量监控。然而,多个机构的建立和教学环节的不完善也导致了一些管理职能、过程和系统的交错、重叠或不连续。各部门从自身角度制定相关制度并组织实施相应的教学环节。彼此之间缺乏密切联系和沟通,经常出现多种政策重叠或不协调的制度以及管理孤岛等现象。此外,中央广播电视大学与地方广播电视大学、各级广播电视大学之间、广播电视大学和合作办学单位之间、地方广播电视学校与地方广播电视大学之间的教学过程管理不协调、教学环节运行不畅等现象时有发生。

(2)工学矛盾问题

由于远程教育的学生大多是服务学习的成年人,工作与学习的矛盾更加突出。如果对教学过程的控制过于严格,有时会影响学生学习的积极性,然而它完全是学生自学,不能有效保证教学质量。因此,如何在不完全放松的情况下严格管理,如何在过程管理中放松,是一个值得探讨的问题。从目前情况来看,电大教学过程管理相对严格,管理过程相对烦琐。一方面,它吸引了一些优秀的学生;但另一方面,也使一些学生退缩。

(四)课程考试管理

1. 课程考试管理的内涵和意义

考试是一种社会活动,在这种活动中,某一组织中的考试对象根据考试目的的需要,选择使用相关资源来测量、筛选和评估考试对象的某些方面的质量水平。课程考试是远程教育教学过程中的一个重要环节,它是一项目标参考测试,旨在检查和评估学生对基础理论、基础知识和基本技能的理解和应用能力。

同时,课程评估还可以检测教学效果,有助于改进教学,提高教学质量。课程考试管理是一项旨在提高考试活动效率、检测教师教学质量、发现教学中存在的问题、充分评价学生学习效果和创造力的管理活动。

从教育心理学角度来讲,课程考试管理是引导、肯定和提倡积极的、向上的和正面的考试行为,防范、反对和制止消极、落伍的和负面的考试行为的活动;从管理的角度来讲,课程考试管理是对课程考试的设计、组织和实施过程进行有效的质量监督、评价和反馈的过程。科学规范的考试管理是远程教育教学管理工作的重要内容,是维护考试的公平性和权威性,实现考试的多重功能,形成良好的考试风格和学风的重要保证。对于电大等远程教育机构来说,由于采取了"宽进严出"的政策,课程考试作为评价学生课程学习的重要"出口",对于保证学生学习质量和学位的"黄金内容"具有重要意义。

2. 课程考试管理的主要环节与实施策略分析

(1) 课程考试改革

电大专门开发了一套适用于大量各类课程,适用于全国的学习评价体系。充分利用计算机网络,将学生的自我评价、形成性评价和终结性评价有机结合起来,使学生能够及时了解自己的学习情况,调整学习策略;教师可以及时了解学生的学习需求和反馈信息,不断改进教学工作;教学管理人员可以通过网络有效组织和监控学生的学习过程和考试过程。从目前情况来看,电大参加在线考试改革试点的课程数量逐年增加,部分课程也取得了良好效果。

(2) 组织实施阶段

形成性评估主要由地方广播电视大学根据中央广播电视大学编制的形成性评估书的内容和要点组织实施。中央广播电视大学不时抽查形成性评估的实施情况。对于期末考试,我们将采取严格的考试点设置,落实考试工作目标责任制,组织巡回检查、监督检查、抽样检查等措施,不断加强考试环节的管理,严格执行考试作风和纪律,并按照《中华人民共和国保守国家秘密法》的有关规定,加强对试题定单系统、打印、分发、回收和存储的控制和管理,确保试题的安全。

(3) 统计分析阶段

期末考试结束后,电大将组织对全国和地方电大考试的总体情况进行分析,不仅包括对考生人数、实际考官人数、实际考试率、通过率、合格率等方面进行总结和分析,还包括对各级电大、各门课程的分析,以及对不同的年龄、职业等方面的统计指标进行了分类分析。

(4) 质量评价阶段

期末考试结束后,考试管理部门根据课程评估结果对部分课程的评估质量进行分析,主要内容包括:根据课程评估描述、命题评审原则和评分规则,对整个课程评估过程进行定性分析;采用教育测量的统计方法,对课程评估的信度、效度、难度和辨别力进行了定量评价。在此基础上,编制分析报告,及时将课程评估统计结果和课程评估质量分析结果反馈给相关部门使用。

然而,普通高校网络学院的课程考试一般由网络学院组织实施,包括教师命题的组织、试卷的打印、考试地点和时间的安排、巡查、抽查和试卷的评分。校外学习中心根据在线学院提供的课程编号验证安排和相关规定协助组织实施,包括提供考试名额和监考。

### 三、远程教育评价

远程教育评价是一个动态的过程。尽管对不同评价对象的评价方式有很大的不同,但都经历准备、实施、处理、反馈四个评价阶段。

#### (一)准备阶段

第一,确定评价对象和评价目标。

第二,选择信息来源和信息处理方法。根据确定的评价对象和目标,确定评价的信息源。信息源于考试成绩、系统量化评估指标、评估量表、活动日志、轶事记录、反馈信件等,因此,应结合指标体系,确定选择哪种信息处理方法。

第三,生成试卷或评价量表、调查问卷、质量诊断表。由于网络平台提供了题库、评估题库、问卷库和指标体系库,因此,评估组织者(或系统管理员)可以从题库或问卷库中选择现有问卷,也可以手动或自动生成试卷。系统的评估组织者或系统管理员可以在专家的指导下修改现有的试题或评估项目,或添加新的试题和评估项目。

评估项目数据库是在专家参与和组织下建立的,包括评估人员、评估对象、评估类别、评估内容、评估项目和权重。已建立的评价数据库为评价人员的工作提供了极大便利,使评价量表的制定更加迅速,并缩短了评价周期。

#### (二)实施阶段

第一,测试或发布评估量表。

如果是测试,将向服务系统发送测试时间和规则等信息。如果分发评估量表进行测试,应提示恢复时间,并将评估量表分发到每个人的邮箱,并统计分发数量。

第二,获取信息,去除无效信息,进行误差诊断。

统计回收数量,去除无效量表,确定此次评价的有效性。

## (三)处理阶段

第一,依据权重对信息进行处理和统计。主要是系统依据权重自动统计评价量表的得分。

第二,分析统计信息,进行综合判断。主要是评价人员依据权重对评价量表、活动记录日志、轶事记录、反馈信件等的信息进行统计,综合判断。

第三,形成综合判断、分析诊断问题。评价的目的是为改进教学和制度提供依据。收集统计信息后,评价人员根据评价标准进行综合判断,写出评价意见,并对问题进行深入分析,找出问题的症结所在。形成性评价的评价结论应包括:对学生表现的评价、建议和指导意见,对教师绩效的评估、建议和指导意见,日常教学工作和教学活动的评估和补救措施,系统补救措施、课程决策、改进教学内容的建议、补救措施等。终结性评价的结论应包括教师和学生的选择性决策。

## (四)反馈阶段

### 1. 反馈前评价

估计本次评价的质量。对评价工作给予评价,发现评价过程中出现的问题,提出改进评价本身的措施。

### 2. 反馈

评估学生和教师的反馈方法,包括公告和电子邮件。在每个阶段,总结教师的教学活动,评估学生的学习情况。在布告栏上表扬优秀的教师和学生,仍需改进的学生和教师应指出改进计划,并以信函形式反馈。对系统和教学内容的评估应以评估报告的形式反馈,并指出改进措施报告给教师或系统管理员或网站技术人员。

### 3. 再评价

教学评价本身是一个循环过程,做出教育决策后,评估进入下一个周期。在新周期之前,上一轮评估的结果实际上是对上一轮教学评估整个过程的检验。为了通过教学评价调整教学，有必要对评价方案、过程和结果进行分析和评价，为下一次评价提供有效信息。因此，对评价结果的重新评价是一个评价周期的结束，也是下一个评价循环的起点。

# 第四节　远程教育中云计算的应用

远程教育中云计算的应用具体体现在以下几方面。

## 一、云计算数据库资源的发现

在云计算开发环境中，大量云计算数据库资源的共存完全独立于应用。云计算数据库向外部世界发布共享数据，找到合适的数据源取决于一组资源注册和发现机制，这也是云计算为所有类型的资源提供的常见基本功能。

## 二、云计算数据的融治

面对多个异构、分布式和自治的数据资源，有必要将它们集成起来，形成统一的数据视图，也称为虚拟数据库。

## 三、云计算的海量数据的处理

远程教育教学资源是数据密集型的，在其运行过程中会产生大量的数据，这就要求数据库尽可能保证数据的安全性和访问效率。

## 四、云计算的容错性的控制

云计算环境中的数据库访问链路受到网络、现场本地控制、突发事件等因素的限制。因此，云计算必须负责实时监控数据库状态，处理异常情况，并确保数据操作的正确性和高效性。

## 五、云计算学习系统的建立

云计算可以以租用计算资源的形式为学生提供服务。它是根据消费量计算的，也可以用于多所高校的在线教育，便于师生免费观看教学资源，学习者可以通过购买学习卡并输入密码进入系统学习。云计算数据库技术在远程教育领域的应用具有重要的理论意义和应用价值。现有的云计算形式是像谷歌和亚马逊这样的运营和服务中心，可以简单地视为数据中心＋计算中心＋接口。通过界面普通用户可以通过使用过去少数人拥有的巨大数据和处理能力来获取他们需要的信息。云计算数据库应被视为云计算的一种应用，即数据库服务。

# 第四章　数字化学习环境建设

自21世纪以来,随着网络技术的迅速普及,社会的发展与信息技术的联系越来越密切,教育信息化也应运而生。教育信息化从根本上改变了传统教育的教学模式,其与传统教育有着本质的区别,并且在信息传递、质量、成本和交流方面具有明显优势。随着基础教育迈向教育现代化,推进教育信息化不仅响应了国家、地区教育现代化发展的要求,促进了学校教育教学的发展,更为学生的终身发展创造了更好的外部条件。

## 第一节　数字化学习环境概述

学习的物质环境包括基于教室、实验室等的物理学习环境和基于网络的数字化学习环境。相对于教室、实验室等传统的真实学习环境而言,数字化学习环境存在于网络虚拟空间,因而也被称为虚拟学习环境。由于这种环境支持E-learning,因此,也被称为E-learning环境或E-learning平台。数字化学习环境是随着教学理论和技术的不断发展而发展的,有时还会由于上下文的情境不同而使用"学习系统"或"教学系统"等名称。

数字化学习环境的性质和范围就如图4-1所示。

数字化学习环境的内涵由以下几方面来界定。

第一,数字化学习环境是一个物质环境,相对于传统的学校物理环境而言,它是随着计算机技术尤其是互联网技术发展而来的,是一个虚拟环境,其呈现形式是一套复杂的软件系统。本节仅讨论虚拟环境,不考虑虚拟环境与物理环境重叠的问题,如在教室中如何将基于信息空间构建的虚拟学习环境与传统的物理环境进行有机整合。

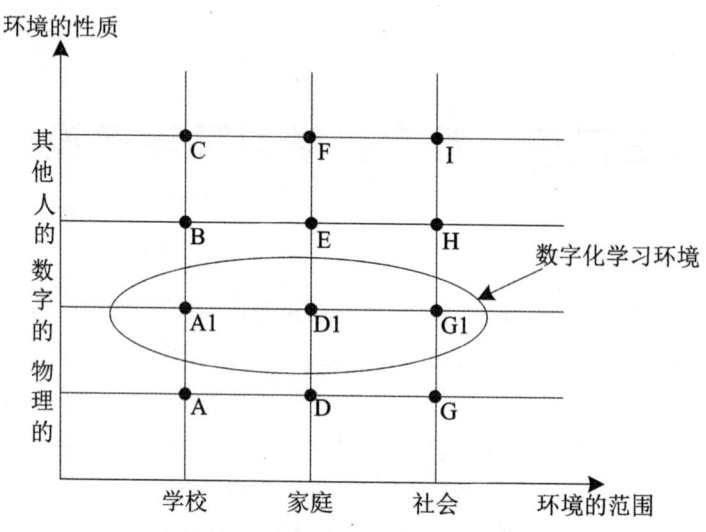

图 4-1　数字化学习环境的性质和范围

第二,数字化学习环境是一个基于信息技术的学习空间,具有学习内容和学习活动的学习情境。在学校构建的数字化学习物质环境(学习空间)中,教师或其他教学人员进行一定的教学设计,将其与人的因素和其他非物质因素有机整合起来才能构成面向学生的学习环境,即学习情境,如图 4-2 所示。

本书界定的数字化学习环境(学习空间)不包含学习内容和学习活动,这些都需要教师(或教学设计人员)通过教学设计来构建。这时候学习环境的中心体是教师,使用该软件进行教学系统设计。根据何克抗等人对学习环境的定义,图 4-2 中的数字化学习环境包括该定义学习资源中的学习空间(这里指的是基于互联网的虚拟空间)和帮助学习者的认知工具。教师在数字化学习环境中设计出学生所需的教学材料和学习活动,在学习活动中设定的上述定义中提到师生之间和学生之间的人际关系。数字化学习情境的中心体是学生,即主要由学生使用,包括数字化学习环境、学习材料和学习活动三个部分。

第三,数字化学习环境中需要包含多种技术系统(或工具)以便支持多种教学模式,这些教学模式既有维基百科定义的辅助传统的面对面课堂教学活动的教学模式,也有乔纳森描述的以学生为中心的协作式、研究性的学习模式,还有大学一些重要教学环节设定的教学模式,如毕业论文研究模式等。

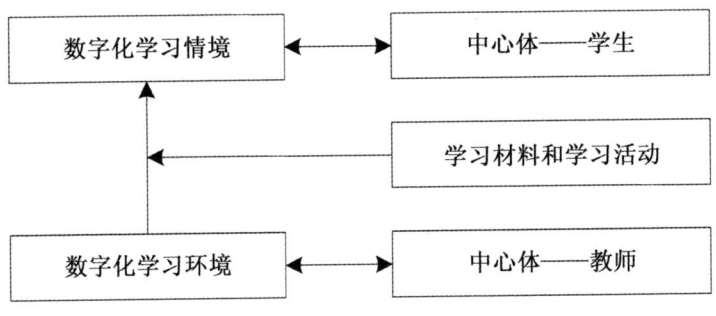

图 4-2 数字化学习情境和数字化学习环境

这样的界定是由本书的研究目的决定的,有助于以下基本问题的理解:本书的目的是研究作为教育的提供者——学校如何构建数字化学习环境。从学校的教学实践来看,数字化学习环境的构建一般由学校的教务管理部门和教育技术部门负责,这些部门及其人员主要为一线的教师提供技术环境和技术支持。教师在学校构建的数字化学习环境中从事教学活动,通过一定的设计构成面向学生的学习情境。因此,这种区分有利于明确学习环境的构建者和使用者。

## 第二节 数字化学习环境的技术基础

### 一、计算机软件系统设计技术

数字化学习环境是基于互联网的计算机软件系统,软件设计技术是其重要的技术基础。基于互联网的计算机系统的层次结构如图 4-3 所示,这类系统的最大特点是系统分为相互联系的两部分:服务器端和客户端。

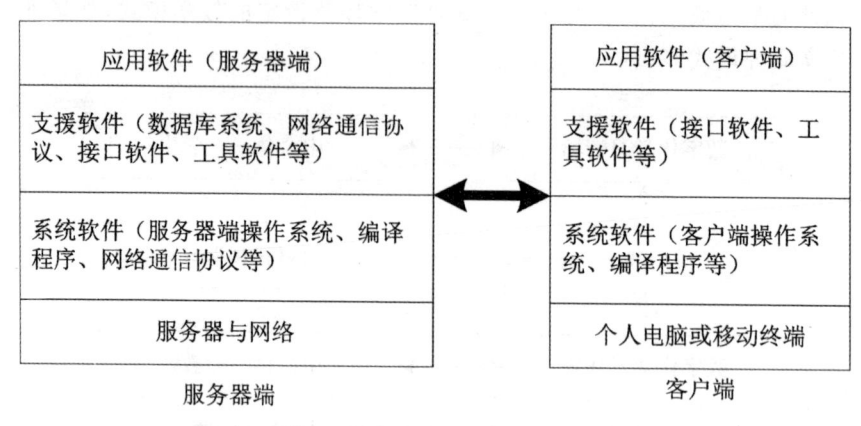

```
┌─────────────────────────────┐     ┌─────────────────────────────┐
│   应用软件（服务器端）       │     │   应用软件（客户端）         │
├─────────────────────────────┤     ├─────────────────────────────┤
│ 支援软件（数据库系统、网络通信协│     │ 支援软件（接口软件、工       │
│ 议、接口软件、工具软件等）    │     │ 具软件等）                   │
├─────────────────────────────┤ ←→ ├─────────────────────────────┤
│ 系统软件（服务器端操作系统、编译│     │ 系统软件（客户端操作系       │
│ 程序、网络通信协议等）        │     │ 统、编译程序等）             │
├─────────────────────────────┤     ├─────────────────────────────┤
│   服务器与网络               │     │   个人电脑或移动终端         │
└─────────────────────────────┘     └─────────────────────────────┘
         服务器端                              客户端
```

图 4-3　基于互联网的计算机系统层次结构

最底层是通过计算机网络将众多服务器和个人电脑连为一体，近年来，快速发展起来的无线通信网络也将移动终端（如手机）连入了互联网，构成了一个复杂庞大的计算机硬件网络。

在计算机网络硬件基础设施上的是系统软件，这类软件操控计算机硬件，并与其一起形成了计算机网络的基础设施。

支援软件在系统软件的基础上为应用软件的编制和运行提供支撑。上面三个层次的软件是所有基于网络的计算机系统都需要具备的，其构建技术都有专门的学科来研究，并有大量的成果可以直接应用。

最上层是应用软件，本书讨论的数字化学习环境就处于这个层次中，涉及的软件开发技术主要包括应用数据库设计技术和程序设计技术，从软件开发的组织管理角度来看，还需要软件工程技术。

## 二、人机界面设计技术

从大型机、小型机、个人台式电脑，到便携式笔记本电脑，再到智能手机，计算机系统的人机界面设计技术发展日新月异。

人机界面硬件设计的内容包括键盘、指点设备、手写笔、语音输入或输出设备、手势输入设备、触觉设备、彩色显示器、触摸屏等。

## 第三节　数字化学习环境的设计

### 一、数字化学习环境的总体结构设计

这部分的分析内容包括：数字化学习环境的教育学框架和技术架构。系统的教育学框架主要从机构的教学组织形式和教学模式两方面分析系统中需要包含的主要成分和成分之间的关系（即系统结构）。系统的技术架构主要从软件设计的角度分析数字化学习环境的技术组成部分和相互关系。

不同教育机构在组织结构、学生的类型、教育模式、教育层次和人才培养目标等方面都有很大的不同，因此，体现在数字化学习环境的项目目标和需求规划也不同，从而影响数字化学习环境的总体结构设计。

### 二、数字化学习环境子系统的设计

数字化学习环境中包含不同类型的子系统，它们相互关联组成一个有机的整体，但每个子系统又具有不同的结构和功能特征，需要对不同类型的子系统进行分析设计。每一类子系统的设计内容涉及理论基础、系统模型、系统结构、功能模块、关键问题等，不同类型子系统分析的内容可能会有所不同。

# 第五章　数字化学习资源建设

在人类漫长的历史发展过程中,学习资源无处不在。数字媒体技术的发展和成熟促使信息的承载、传播和呈现水平也得到了迅速提高。学习资源从形式到内涵的全面转变,使数字化学习资源由此诞生。

## 第一节　数字化学习资源与教育创新

### 一、数字化学习资源概述

随着信息技术的发展,一个新概念——数字化学习资源出现了,它是在信息技术发展的前提下学习资源转化和演化的产物。

#### (一)数字化学习资源的特点

1. 信息形式的数字化

数字学习资源不同于传统信息资源以纸张或其他媒体为载体,它们都是以数字信息数据的形式呈现,以数字形式集成大量、多种类型、多媒体和非标准信息。经过处理,各种媒体文件成为具有不同结构、大小和输入输出条件的数字文件。它们可以在计算机和网络上传播和共享。

2. 信息分布的广泛性

数字学习资源常以 FTP（文件传输协议）服务器、电子图书馆和电子期刊等形式分布在世界各地。

3. 信息获取的便捷性

数字学习资源能够方便用户摆脱时间和空间的限制，利用手头的各种计算机或移动智能设备，通过互联网随时随地获取信息。

4. 信息呈现的多媒体化

数字学习资源内容的形式表达多为媒体，这使信息的表达更加生动，如报纸、杂志、教学软件等在网络上都有自己独特的表达方式，彼此之间各不相同。

5. 信息更新的时效性

数字化学习资源具有速度越来越快的特点，最新的信息可以立即通过互联网传输，这种更新速度是报纸和杂志等传统纸质媒体无法企及的。

6. 信息资源的开放性

数字学习资源的开放性体现在两个方面：一方面，许多知识寻求者可以无限制地重复使用学习资源；另一方面，知识寻求者可以自由表达自己的观点，上传自己的资源并与其他学习者共享。

（二）数字化学习资源的价值属性

1. 数字化学习资源的使用价值

数字学习资源的使用价值表现在人类劳动创造的有用性或效用，这种效用可以节省人类劳动时间，提高生产生活能力和精神满意度。数字学习资源具有多效性、衍生共享性、可扩展性和可重复性的特点，其中多效性和衍生化意味着同一资源可以具有多种使用价值，可以根据不同情况使用。在资源的使用过程中，经过一些适应性变化后，数字学习资源的新资源可以不断衍生出来；共享和可扩展性意味着在不会影响资源的完整性和质量的同时，一个资源可以由多人同时使用（共享）。资源的使用价值可以从个人扩展到组织，然后从组织扩展到整个社会。重复性意味着资源的使用价值不会随着转移而消失，数字化学习资源可以很容易被复制、传播和重用。

2. 数字化学习资源的多重价值

数字学习资源经过交换，卖方获得资源的价值，买方获得资源的使用价值。由于资源共享的存在，且资源的使用价值不像实物，卖家也可以使用这种资源。

## 二、数字化学习资源的未来发展

单一的数字学习资源内容一旦被创建，就意味着它们是固定的，不能及时更新，也不容易转换。这是传统数字学习资源的正常情况，即使是符合 SCORM 标准的课程包也是这样的。转换只是对内容进行分解和重组，不能进行个性化编辑。基于这一情况，随着学习过程的结束，在学习过程中生成的一系列生成性消息也将随之消失，用户对特定文本的评论、添加的学习内容、讨论信息也不会在问答信息上留下任何痕迹。未来的数字化学习资源是动态的，并不断更新，因此，能够有效地避免这些问题。

未来的数字化学习资源产生了动态开放的新结构，改变了传统学习资源的静态封闭结构，在用户学习的时候，能够随时实现用户之间的生成性消息共享，保持信息资源的持续性开发。学习者在不受时间和空间限制的情况下不断获得学习资源，保证了学习过程中生成性学习资源开发的不间断运行。

未来数字化学习资源可以从无限资源网络中选择数量有限的适合学习者需求的资源，而且不同的学习者可以通过媒体共享他们的联系人，构建和共享可扩展的人际网络和社会认知网络，收获持续知识获取的渠道，满足各种社会学习的需求。

## 三、数字化学习资源的整合

### (一)数字化学习资源整合的主要方法

#### 1. 基于跨数据库检索系统的整合

导航集成的高级阶段是基于跨数据库检索系统的集成。同时,它也是检索接口的集成,还是知识寻求者查询后共享多个资源的集成,即实现对分布式资源的一站式访问。

基于跨数据库检索系统的集成模式能够为不同的资源访问提供统一的检索群体,从而实现多数据库的统一检索。由于受到不同数据库系统搜索引擎的限制,这种集成系统要实现起来并不容易。分布式检索系统是跨数据库集成检索中一种理想的模型,要进行大范围协作,就需要遵循必要的元数据标准和互操作协议,这还存在一些困难。

#### 2. 基于链接的整合

通过参考文献引用知识将图书馆的所有资源链接起来,形成一个具有内部关系的有机系统,可以看作基于链接的集成,这一集成主要用于提供基于内容的知识服务,即利用网络的超文本链接功能将所有资源串在一起,形成一个连接的网络,这样用户可以更快地找到需要的数字资源。

### (二)数字化学习资源整合的技术

#### 1. 分类技术

(1)智能自动分类

智能自动分类技术有三个突出的特点。

第一,它是三维的,可以从不同的方向检查文本内容,以找出具有不同重点的信息。

第二,它是动态的,这意味着分类方法可以随着信息内容的概率分布灵活变化,并努力实现分类方法树结构的平衡,从而更有效地反映其性能。

第三,它是面向用户,指具有分类系统的实时调整能力,即自动分类系统可以根据用户的需求,在用户的指导下,对分类系统进行各种人性化调整,以满足用户的需求。

(2)分众分类

焦点分类,即自由分类,是 Web2.0 的一个重要功能。它根据人们生活中常用的词标记信息,结果显示为一系列标记通用图,让人们有一种清晰的感觉。也使组织和共享信息的便利性得到大大提高。它可以为数据库浏览、热点聚类和个人信息组织提供更加实用有效的方法。然而,就信息组织而言,其还存在一些缺点,如检索模糊和不完整等。

2. 知识管理技术

(1)本体和语义

本体论最初是一个哲学概念,是研究实体存在和本质的一般理论,后来被引入人工智能领域。语义是指"数据(符号)"所指概念的含义以及这些含义之间的关系。语义是由人类天赋和计算模型生成的,从实体资源(如文本和图像)生成语义是一项非常困难的任务。

(2)叙词与叙词表

描述符(描述符或叙述词)是一种主题词。它们是一些基于概念、标准化、具有匹配性能的词或短语,可以显示词之间的语义关系和动态。它们是描述文档主题的标识符。叙词表是最常用的、最成熟和最典型的主题索引工具。作为一个标准化词汇集,它基于概念,在严格控制词汇的基础上形成了一个词汇集,表达了概念之间的等价性、等级和相互关系。

(3)分词技术

文本处理需要实现信息过滤,其常采用分词技术。中文信息处理的独特问题是如何将中文字符串分割成合理的词序,并将其分割成具有实际意义的单个词,即中文分词。

3. 互操作技术

互操作性发生在系统层、语法层、结构层和语义层。每一层都有自已的问题：系统层存在硬件和平台操作系统之间的不兼容，语法层存在不同的语言和数据表达问题，结构层存在不同数据模式，语义层在信息交换中具有不同的术语含义。

## 第二节　数字化学习资源的设计

教学设计是数字化学习资源开发的前提和基础，不同的教学设计理念，不同的教学目标、教学内容、教学对象、媒体类型甚至开发目标都会产生不同的教学设计方案。

### 一、数字化学习资源设计的基本理念

（一）目标导向的教学设计

目标导向教学是根据学习的信息加工模型、广义的知识学习阶段和分类模型研究成果而提出的。

教学目标取向的选择关系到国家、地区乃至学校的教学传统、社会需求和教育政策导向。当然，从微观角度来看，它与学科、学生和教学内容有关。布鲁姆的认知目标分类法是目前教学中应用最广泛的分类方法之一，属于行为目标定向分类法。他将人们的认知目标从简单到复杂，从低到高分为六类：知识、理解、应用、分析、综合和评估。六个类别中有几个子类别。在布鲁姆的教学目标分类中，强调学生的外显行为是用来陈述目标的。目标是分级的，目标层次所需的思维技能正在逐步提高。知识、理解和应用的三个层次指向基本知识和技能，而分析、综合和评估指向高级思维技能。

目标导向的教学设计主要由确定和陈述教学目标、分析教学任务和安排教学过程及进行测量和评价构成。

## (二)基于问题的教学设计

问题导向学习是教育领域最具创新性的教学形式之一。教育的目的是培养学生运用知识解决复杂的实际问题,帮助学生发展先进思维,培养学生的自主学习能力。

## (三)以活动为中心的教学设计

任何类型的教学设计活动都必须考虑学习活动、学习环境和知识转移。学习活动的结构包括要实现的学习目标、学习任务、操作步骤和活动互动形式、学习结果形式、活动监督规则、角色和责任规划、学习结果评估规则和标准。

# 二、数字化学习资源的设计类型

根据不同的教学目标、不同的教学理念和不同的媒体类型,数字化学习资源有不同的设计方法和开发过程。

## (一)即时资源的设计

即时资源是指制作过程中简单方便,甚至是实时制作的资源,如以课堂记录(包括音频或视频记录)为素材,结合流媒体技术制作的流媒体课件。这一资源主要基于知识转移,要确保学科知识体系的完整性和内容的全面性。因此,它一般结构简单、功能单一、交互和反馈要求低。

### 1. 课堂实录方式

课堂录音不仅能充分传达教学内容,还能生动、全面地反映整个教学过程,包括课堂提问、学生反馈和教师评论。即使学生不在教室里,他们也有来到现场的感觉。对于以这种方式记录的资源,教学设计理念充分体现在教师的教学和现场互动中,要求教师在上课前做好一切准备。

第一,准备课堂演示或演示资源。在课堂教学中,黑板书写或投影是必不可少的。它经常反映教学的重点、难点或结局。应该注意的是,它可以在记录期间清楚地显示。

第二,课堂提问与讨论的设计。由于观看视频资源的学生无法现场与教师交流,教师应充分利用课堂上与学生互动的机会,通过课堂提问或讨论进行指导、分析、反馈和碰撞。

第三,做好内容归纳总结,安排思考问题或作业。

第四,如果要将记录的资源制作成三屏课件,教师应注意编写与课堂教学内容一致的讲义。

2. 录音室录制方式

录音室的录音方法与课堂相似,但没有学生,也没有互动。教师往往缺乏在场感,这影响了他们在课堂上的积极性和表现。

第一,注意演示文稿(PPT)的设计。重点突出,条理分明,字数适中。可以添加必要的元素,如图片和动画演示,以辅助教学。各章的表述风格应保持一致。

第二,注重课程结构的设计。在设计课程结构时,尝试围绕一个或两个完整的知识点设计内容,并以5~10分钟的简短形式呈现。每次记录时间不得超过25分钟。信息应以相对较小的单位显示,以便于学生消化信息。此外,课程结构设计应完整,学习指导、作业评估、复习和指导等环节应统筹考虑和安排。

第三,交互设计。交互设计是教学过程中非常重要的环节,但目前的流媒体课程资源仍然缺乏交互。大多数教师在镜头前唱"独白",缺乏与学生的交流。因此,有必要加强互动环节的设计,引导学生学习,组织学生参与录音室的录音活动。

(二)精加工资源的设计

所谓精加工资源,是指从设计到开发的后期精心准备和雕刻的资源,如多媒体课件或网络课程。在对学习者的需求进行初步分析、确定教学目标和教学内容后,有必要收集和开发材料,对这些材料进行精细设计,并在页面上合理组合和反映教学内容、要求和功能。

1. 确定媒体组合形式

设计人员应结合课程内容和教学需要,合理设计媒体组合方案。形式不应过于单一,应避免通过炫耀技术而本末倒置,应充分考虑各种媒体的不同特点,严格遵循媒体选择的基本规律。同时,考虑网络传输的可行性,压缩相关媒体资料,避免暂停、文件下载慢等问题的发生。

2. 确定页面呈现

这个阶段实际上是开发脚本的编写阶段。在单独的屏幕上设计和显示特定的教学内容,除基本模块的统一设置外,其他内容的显示应在每个屏幕中确定。

3. 设计教学策略

在教学过程中,教学策略是实现预定教学目标的最佳方法和技能。教学策略设计包括学生学习的教学环境设计、教学活动和评价反馈方法设计。

## 三、数字化学习资源设计案例——大学生网络自主学习系统设计

### (一)基于网络的自主学习

在网络技术支持下形成的网络教学时空环境中包含了课程、资源、教师、学生等教学要素,这些要素是通过技术平台和交互平台被集成到一起的。网络教学时空环境具有明显的开放性、交互性、灵活性以及共享性,基于网络环境的自主学习对培养学习者的综合能力及提升学习者的学习效率具有重要意义。

基于网络的自主学习是指学习者利用计算机和网络提供的学习支持服务系统,主动选择学习内容,制订学习计划,自由安排学习时间、地点,从而获取知识,实现有意义知识建构的一种学习方式。它与传统意义的自主学习有明显的区别。传统的自主学习以课堂学习为主,强调学习者能动性的发挥和学习中的自我调整,以学习者、学习资源、学习方法、教师为主要因素。基于网络的自主学习则以学习者、网络学习资源、网络学习环境、教师等因素为主,可见网络环境下的自主学习支持服务系统的辐射范围更宽泛。

传统教学中教学内容的线性结构通过网络资源组织技术的加工而发

生了显而易见的转变,该技术具有超媒体、超文本等特征,以超媒体节点、超文本节点为链接的知识微结构逐渐取代了传统固定的线性知识结构,这体现了传统自主学习在组织形式上的重大变化,在新的组织形式下,学习者不再被传统知识结构牢牢束缚,而能根据自己的需要重新组织知识内容,形成新的结构,这对培养学习者的思维能力、学习能力都有重要影响。

(二)网络自主学习系统的技术与结构

自适应性是网络自主学习系统的重要特征与功能之一,不同个体的自主学习存在一定的差异,包括因人而异、因时而异等,自适应性指的就是针对这种差异而提供与个体特征相符的学习支持。

从本质上来看,自适应学习就是个别化学习。网络自主学习系统具有自适应功能,该系统要满足下列准则才能充分发挥与实现这一功能。

第一,具有超文本性、超媒体性。

第二,有稳定的用户模型,使用该用户模型向超媒体系统提供自适应性。

1. 网络自主学习系统的技术

从网络自主学习系统的自适应性功能来看,其具有下列两个非常重要的技术。

(1)自适应技术

基于网络的自主学习系统的自适应性一方面表现在结构上;另一方面表现在内容上。这两个方面的自适应表现各自对应一种自适应技术:结构方面对应的自适应技术是自适应导航;而内容方面对应的自适应技术则是自适应展示。

(2)用户模型

用户模型也是网络自主学习系统的技术内容之一,它指的是一种能够将系统用户个人特征充分体现出来的技术模块,具体包括教师模型和学生模型两种。

2. 网络自主学习系统的结构

网络自主学习系统的组件主要有下列三个。

(1)领域模型

这一模块包含与学习内容有关的所有信息。

(2)学生模型

学习者的信息主要存储于这一模块,该模块将学生的信息数据提供给教学模型。

(3)教学模型

该模块以上一模块提供的信息和学生的不同需要为依据对学生后面的学习活动做出决策。

综合上述分析,网络自主学习系统的结构模型如图 5-1 所示。

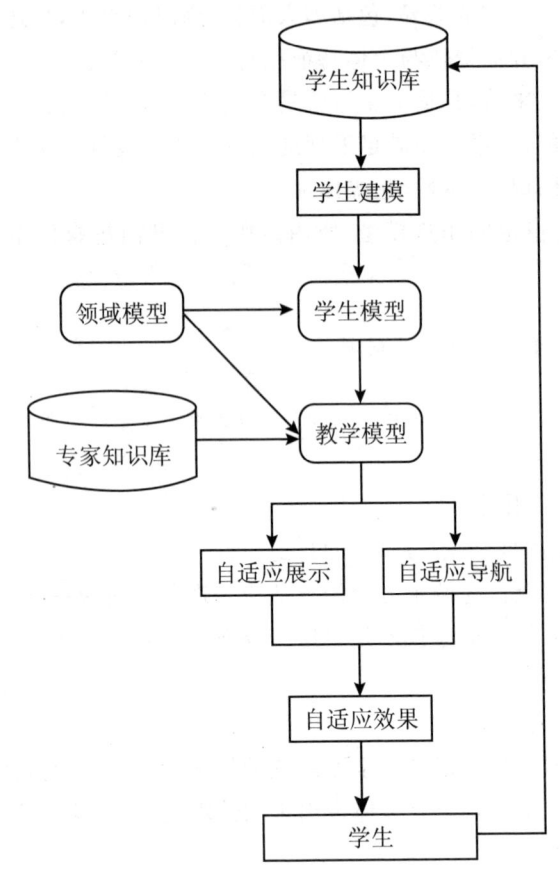

图 5-1　网络自主学习系统的结构①

---

① 阿英嘎.信息技术与体育教育专业课程整合[M].南京:南京师范大学出版社,2010:89.

### (三)大学生网络自主学习系统的设计思路

在日常教学中,教师和学生比较熟悉的教学过程是课堂教学、学生练习、测试评价,这里以师生都熟悉的教学过程为基础来设计简单实用的自主学习系统,要保证学习系统的简易性、实用性,就要尽可能以基础的、普遍的设计软件来着手设计,将现有成果充分利用起来,不过分追求美观的页面和多元的网络技术,而以促进学生学习效果的提升作为重点。之所以保持这样的设计理念,是为了进一步促进信息技术与课程的整合,为此探索一条易掌握、易实现的途径。

设计网络自主学习系统,在选择呈现学习内容的方式时,可以不予采用电子文本的教案或教学课件,因为这类课件与教案往往是教师根据自己的理解、经验设计的,是从教师的思路和视角出发制作的,虽然教师在设计时也是以教学目标、教学内容为依据的,但也不乏主观主义色彩,这样在学生自主学习中不免会出现教师"先入为主"的问题,从而与"以教为主"的教学系统无异。

在大学生网络自主学习系统的设计中,需要从教学大纲、教材的主要知识点出发进行对超文本导航栏的设计与编制,从而便于学生根据自身需要选择适合自己的学习方法,围绕主要学习内容完成知识的意义建构,以顺利实现学习目标。

大学生网络自主学习系统的功能模块以及模块之间的逻辑关系如图5-2所示。自主学习系统应包含两个入口,即教师入口和学生入口,它们各自的功能如下。

教师入口:

第一,数据库的动态管理:教学内容库、试题库、学习资源、教学策略库等。

第二,了解学生学习情况。

第三,在线答疑。

学生入口:

第一,注册、登录。

第二,进行初始测试。

第三,选择式学习。

第四,在线测试。

第五,在线交流。

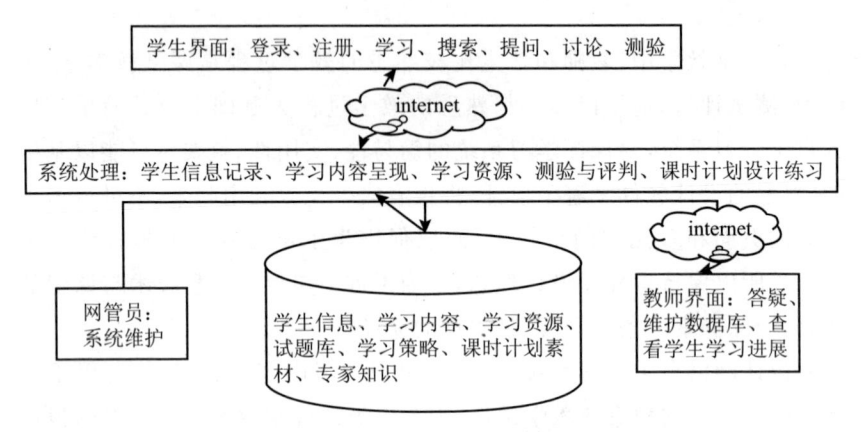

**图 5-2　网络自主学习系统功能模块的逻辑关系**

### (四)大学生网络自主学习系统界面的设计

学生对课程内容的兴趣是其开始自主学习和持续自主学习的内在动力。学生基于网络进行自主学习,学习系统的页面往往会使学生产生第一印象和即兴看法。另外,学生使用该系统进行自主学习是否顺利、学习效果是否满意,主要受系统交互界面友好程度的直接影响,因为它是用户与计算机交换信息的重要通道。

一般来说,应按照简洁实用的原则来设计自主学习系统的界面,不重要的元素尽量不要出现在系统界面中,否则会分散学生的注意力,导致学生本该集中在学习内容上的注意力分散到其他地方。

下面具体从三个方面分析信息化教学中对大学生网络自主学习系统界面的设计与制作。

1. 导航栏

在自主学习系统设计中,导航栏的作用是举足轻重的,建议系统设计中用直观形象的树状结构来设计导航栏,学习内容的章标题以超文本形式呈现出来,用户点击每章标题时,这章内容包含的节标题就会展开,这样学生对教材的目录结构一目了然,直接选择要学习的内容。被选中的章节文字颜色会发生变化,以与其他章节相区别。

为便于用户与系统的会话,建议采用多级菜单方式,这是比较基础的方式,用户即使对学习系统不熟悉,也能自主操作。

2. 学习内容呈现

用户点击某一节点时,便会出现该节点的下级节点,而且选用章节的页面内容也会出现在对应的框架中,以这样的方式呈现学习内容可以避免学生逐个点击页面寻找自己需要的内容,防止学生"迷航"和浪费时间。要为自主学习系统赋予这样的功能,就要采用嵌入式框架来展现导航栏中相应章节的内容,具体可采用 FrontPage 来实现。

3. 多框架页面

在自主学习系统设计中,可以将页面分为若干相对独立的屏面,使系统具有动态化的多屏性能。学生点击页面上的不同屏面,可以动态浏览结构化学习内容,还可以对页面大小进行自主调整,如将多个页面缩小,对不同页面的学习内容同时进行浏览。要在一个窗口滚动显示大文件,就需要利用窗口技术来实现,这对人机交互能力的提高大有裨益。

## 第三节 数字化学习资源的开发

高质量的数字化学习资源是数字学习成败的关键,它的发展不仅需要先进教学理念的指导,更需要先进技术和工具的支持。

### 一、数字化学习资源的开发流程与方法

(一)即时资源开发流程与方法

开发实时资源有两种方式:一是基于实时视频制作教学流媒体课件

推迟制作;二是采用全自动教学录音播出系统进行录音和实时制作。

1. 延时流媒体课件制作

在传统的课堂教学视频拍摄中,在教学课件经过后期编辑和多摄像机处理后,对课件的多媒体数据进行预处理以进行流式传输。可以说,流媒体系统的建立是制作流媒体课件的关键。

流媒体课件制作的全过程大致可以分为四个步骤。

(1)准备多媒体材料

这是流媒体课件制作全过程的起点。多媒体材料分为视频和音频材料、电子讲稿和交互式网页。对于现有的视频和音频材料,可以通过格式转换设备将教学内容转换为所需的格式文件。

(2)编码器将准备好的多媒体课件转换为流媒体格式

在视频和音频文件的编码和转换过程中,制作者应根据学习者是拨号互联网还是宽带网络来确定流媒体的最大传输速率,这也决定了编码文件的数据量和质量。

(3)流媒体材料的集成和同步

流式多媒体课件的关键技术是将流式视频和音频与电子讲稿、交互式网页等材料相结合,实现多媒体的同步播放。课件制作者可以根据软件指南和提示,结合自身条件,使用 Microsoft Producer 等可视化同步多媒体制作工具制作同步多媒体课件;或者使用 SMIL 语言通过编译时序表来安排音频、视频、文本和图像文件的顺序和准确时间,从而实现多媒体的同步播放。

(4)流媒体学习课件的演示设计

如何向学生展示流媒体课件,一种常见的方法是直接在网页中设置流媒体链接。例如,在实施远程学习时,大多数课程页面都有指向流媒体课件的链接,学生必须进入他们正在学习的课程的网页。此外,课件还可以作为插件在网页上播放,这通常是一个简短的课程演示。

2. 全自动录播课件制作

传统教学视频的制作需要计划、拍摄、编辑和压缩,需要高技术人员,耗时费力。随着科学技术的发展,为了解决传统课堂教学录音中存在的问题,全自动录音播出系统应运而生,高质量的课堂实时录音和实时制作成为现实。

全自动教学视频录播系统是一套以数字形式同步采集、压缩和记录讲座、多媒体素材、学生学习活动等教学场景信息,并自动合成单流或多流实时教学录像广播系统。系统由前端信息源、录音播出主机、后台管理和网络客户端组成。前端信息源主要包括摄像设备(包括教授自动跟踪摄像系统、学生电子定位摄像系统、全景辅助摄像系统)、录音设备和教师电脑,并为录音和广播系统提供各种视频、音频信号。

(二)精加工资源开发流程与方法

1. 素材的采集

(1)获取电缆材料的图形(图像)

数字图像是指由称为像素的小区域组成的二维矩阵。根据计算机中不同的处理和操作模式,矩阵分为图形(也称为矢量图像)和图像(也称为位图和位图图像)。

首先,获取图形(图像)材料。目前,收集图像数据的方法有很多,可以概括为屏幕捕获或屏幕"硬拷贝"、在线下载、扫描输入、使用数码相机、光盘收集、视频帧捕获以及使用特殊图形和图像软件。常见的屏幕截图工具是 Hyper Snap 和 Snagit。

其次,图像文件获取标准。常用的位图文件格式一般包括 PSD、BMP、TGA、TIF、GIF、JPG、SWF、PNG 等。

(2)音频素材的采集

第一,音频材料的获取。在数字学习媒体资源的制作和整合过程中,声音媒体发挥着解说、背景音乐和声音效果的作用,在文本等方面发挥着不可替代的作用。目前,收集音频材料的方法包括从资源库下载、使用各种录音工具录音、使用轨道抓取工具获取以及使用音频处理软件直接将单词转换为声音。常见的声音处理软件包括 Cool Edit 2000、Sound Forge 等。

第二,音频数据采集标准。在当前的媒体资源应用环境中,常用的音频资源格式包括 MIDI、WAV、MP3 和 WMA。

(3)视频素材的采集

第一,视频资料的获取。获取视频材料的方式包括:使用专业摄像机、记录设备或视频记录和广播系统记录教学过程；DV 拍摄；利用播客市场的媒体资源；使用计算机屏幕记录软件在计算机界面上同步记录操作员的操作内容，然后进行编辑。

第二，视频数据的采集标准。常见的视频数据格式包括 MPEG、MPG、DAT、AVI、MOV、ASF、WMV、3CP、Real Video、MKV、FLV 等。

(4)动画素材的采集

第一，动画素材的制作。网络中常见的动画主要包括视频文件格式动画、Java 动画、GIF 动画等。计算机动画制作的过程是：建立对象模型→设计物体的表面真实感→设置对象的运动模型→骨选择→图像生成→输入和输出。用于动画制作的软件包括 CIF MovieGear、3ds Max 等。

第二，动画素材的制作标准。动画格式大多数是 GIF 格式和 Flash 格式、AVI 动画格式、FLC 动画格式或 QuickTime 动画格式。

2. 多媒体课件的开发

多媒体课件的制作是将各种媒体素材和信息资源整合成具有一定组织结构的 PPT、网页或 Flash 文件，涉及各种计算机技术，如图形设计、网络开发、虚拟现实技术和各种课件制作工具。

## 二、数字化学习资源开发的工具

(一)三分屏录制工具

教师的教学视频、PPT 图片和其他材料集成到三屏课件中(也称为流媒体视频课件或 IP 课件)。例如，微软的 Producer 和其他产品。

(二)PPT 转换工具

基于 PPT 材料，再加上声音、视频、练习等，它被转化为一个交互性强、符合 SCORM 标准的课件制作工具，如 Snap、Articulate Storyline、iSpring、Captivate、StreamAuthor(串流大师)。

### (三)网络课件创作工具

这种类型的工具可用于各种软件开发需求,常见的有 Lectora、Tool Books、Raptivity 等。

## 第四节 数字化学习资源的应用

在教育资源发展史上,数字化学习资源的出现可以说是一个重大的转折点。伴随着学习资源的高效、快速传播、知识的更新和发展,学习资源的数字化为学习活动提供了大量的资源和广阔的选择空间。人类学习活动与数字学习资源密切相关,当前和未来的学习活动离不开数字学习资源。

### 一、数字化学习资源在课堂教学过程中的应用

#### (一)数字化学习资源在课堂教学中应用的发展阶段

伴随着数字化学习资源进入课堂,传统的书籍和黑板被简单的电子内容取代了。在这一阶段,数字化学习资源可以算作教学过程中的计算机辅助教学。进入 20 世纪 80 年代中后期,直至 90 年代中后期,数字化学习资源开始以满足学生的学习需求为目标,逐渐摆脱了从前的只满足教师的教学需求即可,即进入计算机辅助学习阶段。学习资源的数字化进程真正发生了新的变化的时期为 20 世纪 90 年代中后期,在这一阶段,课堂教学中的应用也出现了新的局面。进入 21 世纪,技术的发展为数字化学习资源的创新提供了可能性和机遇。虚拟现实技术、普适计算和多媒体终端显示系统的不断发展,使技术与教学的结合越来越紧密。

我国教育信息化经历了不同阶段:从最初的技术媒体概念到技术认知工具概念,再到当前的技术生态概念。伴随着人与人之间的互动和类比,教育信息生态这一概念逐渐从中衍生出来。它是技术和教育信息化

过程中教育信息环境和自然生态的演变。在教育信息化生态环境中,课堂上数字学习资源的应用更加自然、便捷,信息技术与课程的整合也更加深入。在数字化学习资源中,以学习者为中心的学习策略更加凸显,这就进一步加强了对资源的个性化、群体参与和共享的利用。

"整合"是数字化学习资源在课堂中应用的本质,是数字化学习资源与课堂环境的自然整合。数字化学习资源与整个课堂环境和信息技术环境相结合,作为环境的组成部分,具有特殊而关键的地位。然而,数字化学习资源必须服从整个环境的运行,并与环境的循环相协调。只有通过深度整合,技术才能消失,成为师生的自然行动选择,数字化学习资源的有效性才能真正发挥出来。

(二)数字化学习资源在课堂教学中的应用方式

在课堂上应用数字化学习资源有很多方法。在具体的课堂教学中,经常采用多种方式的组合。它通常需要与非数字化学习资源协作来完成教学活动。在具体应用中,应充分考虑各种教学要素,根据实际课堂环境的需要选择合适的教学方法。

1. 展示教学内容

在课堂教学中,数字化学习资源可以作为教师知识点、演示、实验项目等的展示,并以教学课件、视频、音频等形式呈现。这种应用模式适用于"传输和接收"的教学模式以及教师对知识点的教学,它可以充分发挥教师的主导作用。这种应用模式仍然是我国教育的主流。作为教学内容的展示,只能发挥数字化学习资源的表面优势,深层次的优势取决于信息技术和其他教学方法的整合和应用。

2. 创设学习情境

由于数字化学习资源具有生动的图像、逼真的环境模拟等技术优势,因此,在创建学习情境方面具有独特的优势。在初中课堂上,与传统资源相比,数字化学习资源的"生动多彩"和"图形化"更容易吸引学生的注意力,更容易充分调动学生学习知识的积极性和兴趣,从而可以利用数字学习资源创造学习环境,创造三维、贴近真实的学习环境,引导学生在相对直观的情境中快速进入学习和思考状态,产生求知欲。

### 3. 为自主学习提供支持

借助互联网传播和共享学习资源,培养学生独立分析、探索和创造的能力。在使用数字化学习资源进行自主学习(尤其是初中生)时,必须强调教师的指导作用。教师在过滤不良信息、纠正信息混乱、引导相应技术和引导正确价值观方面的作用不容忽视。

### 4. 为协作学习提供支持

协作学习是通过将学生分成小组或团队来组织学生学习的一种方式,通过相互合作实现学习目标,提高学生的群体意识和合作能力。协作学习中的数字化学习资源不仅扩展了学习内容,为学习活动提供了大量可选择的内容,小组成员可以根据分工有选择地关注某个知识点,而且其数量和深度可以无限扩展,这使深度学习成为可能。此外,与传统资源相比,数字化学习资源的传输更容易、更快,群体成员之间的信息交流渠道更畅通。在计算机和网络的帮助下,可以完成资源的分类、摘要和报告使得协作更容易。

### 5. 为探究性学习提供支持

探究性学习是指通过对教学目标中的相关知识点进行仔细思考、积极探索和合作交流,使学生能够更好地满足课程标准的认知和情感目标的一种学习方法。在探究性学习中,数字化学习资源的作用更为关键。如果没有数字化资源展示,探究性学习的效果将大大降低。

"自主探究"阶段的学生在教师的指导下,积极分析、处理和评价通过互联网或其他渠道获得的工具和资源获得的信息,并在分析、处理、评价的基础上形成对现有知识的理解。在"协作交流"阶段,教师组织学生以小组或课堂讨论的形式进行协作和交流,通过生成数字化资源共享学习资源和学习结果,并通过数字化手段保留交流过程的结果。在"总结与改进"环节,通过师生评价与学生自我评价相结合,学生可以完成对探究问题的总结与归纳,得出结论,并用结论指导实践。

## 二、数字化学习资源在远程教育中的应用

### (一)数字化学习资源在远程教育中应用的发展阶段

远程教育是教育机构借助媒体技术、网络技术和各种教育资源实施的一种教育活动形式。它超越了传统校园的时间和空间限制,是一种符合社会发展需要的教育活动形式。到目前为止,数字化学习资源已经进入远程教育领域,并成为其持续关注的焦点。20世纪90年代以来,大量在线数字化学习资源涌现出来,教学课件和在线课程相继出现。然而,就像教育中计算机普及的初级阶段一样,更多的关注是数量而不是质量,更多的是关注数字化和网络化资源,而不是如何数字化和网络化,更多的资源集中在知识结构和书籍的数字化上。这些资源仅仅是被改变了载体,不能充分吸引学习者,不能满足学习者个性化的学习需求。此后,人们开始关注知识内容与教学策略的整合,这很快引起了大多数教育工作者的注意。Web 2.0的到来给远程教育中数字化学习资源的应用带来了巨大的冲击和挑战。随着网络的发展,人们的学习观念、行为和方式也发生了很大的变化。数字化学习资源的建设有利于利用计算机网络进行远程教育和教学,实现各种教学模式和方法的整合,打破师生分离的限制,方便学生安排学习日程和完成学习,便于教师组织网络教材,为学生提供指导,便于教学管理者评估和跟踪教学效果。

### (二)数字化学习资源在远程教育中的应用方式

远程教育的学习者通常是成年人,他们的学习行为通常在下班后进行。这类学习者具有非常清晰的学习动机、较强的自控能力、相对独立的学习时间和强烈的个性化学习需求。

1. 数字化学习资源在自主学习、协作学习中的应用方式

自主学习强调学习者的个体学习行为,是以学生为学习主体,通过学生自主分析、探索、实践、提问、创造等方法实现学习目标。自主学习是远程教育必须培养学生掌握的一种学习方法,借助数字化学习资源进

行自主学习是新时期远程教育的必然途径之一。

2. 数字化学习资源在社会化学习中的应用

社会化学习是 Web 2.0 环境下远程教育中出现的一种新的学习模式。社会学习在小范围内改变了传统的一对多的单向交流模式和传统的双向交流模式。它倡导基于互联网的大规模多对多学习交流模式,所有学习参与者形成一个大的学习圈。

在学习圈中,学习者不仅是学习材料的学习者,也是学习材料的提供者和创造者。在学习圈中,学习者可以平等地共享信息、交流和学习,学习成为更加个性化和人性化的行为。

## 三、数字化学习资源在新型学习方式中的应用

技术手段的创新和学习资源的数字化传输满足了人类不断学习和进步的愿望。各种新兴媒体不断涌入教育领域,深刻影响着人们的学习理念和方法。

(一)混合学习中数字化学习资源的应用

混合学习作为一个名词已经有近十年的历史,但其概念和思想已经存在多年。随着人类文明的不断进步和民主意识的提高,课堂教学也朝着更加人性化、民主化的方向发展。混合学习中的数字资源遵循 Web 2.0 倡导的"以人为本、团队建设和共享"的精神。混合学习中数字化学习资源的应用体现在以下几方面。

1. 资源内容方面

在保证知识型资源的完整性和正确性的前提下,不断扩大资源,融相关优秀辅助材料于教育系统中,拓展学习者的课外学习空间,满足其深度学习需求。

2. 资源形式方面

以"图片、图片和视听图像"为形式的资源更加突出,使资源的清晰

度和保真度得到提高了，虚拟现实和普适计算为学习者的学习创造了接近真实的情境，并有效地与课堂教学相结合。

3. 资源的组织方面

资源的呈现更加人性化和方便。目前，以人为本的教育理念已深入整合到资源组织中，相应的技术手段以开源的形式提供，帮助学习者根据其学习需求有效地重组和管理资源。

（二）移动学习中数字化学习资源的应用

数字化学习资源建设是移动学习的核心内容之一。从资源内容来看，移动学习的数字学习资源包括所有基于互联网的资源和大量其他独特的移动学习资源，可以通过将手机和笔记本等移动设备连接到互联网来访问。研究和开发不同类型的移动学习设备有助于充分发挥移动学习的有效性，如为移动学习开发的电子书、教育游戏和为平板电脑开发的电子书，但这些学习资源只能在特定的移动设备上使用。在资源设计过程中，还必须考虑移动学习设备相应网络学习资源的格式、接口和表示转换。从资源应用的角度来看，移动学习的数字资源可以与传统课堂相结合。作为课堂的组成部分之一，它可以帮助学生完成知识建构，完成信息技术与课堂的整合，提高课堂的学习效率。

# 第六章　教育信息化的重要创新之信息技术与课程整合

人类的创造性无法预见,高端网络技术、影音科技都能成为人类改变世界的工具,人类可以挖掘它,自然也可以利用它。我们走进了信息化时代,信息技术正在以惊人的速度改变着人们的生存和学习方式,冲击着传承已久的教与学的模式。这种高端网络技术与课程实践融合是改变原有形式、成就更多合适人才的便捷途径,它标志着全球范围内教育实践形式发展的趋势。

## 第一节　信息技术与课程整合概述

### 一、信息技术与课程整合的概念

信息技术与课程整合是将信息技术运用到课程教学过程和学生的学习活动中,以更好地完成教学任务,实现课程目标的综合过程。将先进的信息技术、有效的信息方法、丰富的信息资源有机整合到课程教学过程中,将信息化手段与课程内容紧紧结合,从而提高完成课程任务的效率,缩短实现课程目标的时间。信息技术与课程整合并不是将信息化手段被动纳入课程中,而是要让信息技术主动适应课程的变革,从而更好地为提高课程质量而服务。要将信息技术融入课程实施的恰当环节,渗透课程教学的多个方面,凡是运用信息化手段能够提高教学效果的地方都要科学合理地运用信息技术手段,同时也要使学生善于运用信息技术来提高自己的学习效率和学习水平。

## 二、信息技术与课程整合的含义

信息技术与课程整合对课程实施系统中各个组成要素所产生的影响将是变革性的。信息技术本身不会使课程系统发生变革,但在课程改革中信息技术无疑是非常重要的推动力量和不可或缺的重要条件。所以从本质上而言,信息技术与课程整合就是在科学理论和先进理念的指导下,通过建立在信息技术基础上的课程研制,对信息化的课程文化加以创造的革新过程。虽然很多学校都将信息技术运用于课程教学中,但普遍存在信息技术与课程对立割裂的问题,而提出信息技术与课程整合,就是要打破这种对立和割裂的状态,加强课程系统与信息技术的双向整合与密切互动,并创造师生合作型教学组织方式,真正践行"以人为本"教学理念,对整合型信息化教学新形态和师生双向互动教学模式进行构建,提高课程教学的效率,加强对学生实践能力和创新素养的培养。

下面从三个方面来理解信息技术与课程整合。

### (一)信息技术与课程整合将改变教学结构

信息技术与课程的整合要求以科学的教育理论和先进的教育思想为指导,尤其要坚持"主导—主体"教学理论的科学指导,将信息技术(以计算机及网络为核心)运用到课程实施的过程中,使之成为创设良好课堂教学环境的工具,成为激励学生自主学习的情感和认知工具,成为将丰富教学资源加以整合、将各个教学环节连贯衔接的媒介,在教学过程最优化理论下优化整个教学过程,产生聚集效应,从而在根本上改变传统教学结构,改革传统教学模式,打破以教师为中心的教学形式,实现促进学生各方面素质尤其是实践能力和创新素质提升的目标。

### (二)将信息技术融入教学

将以计算机多媒体或网络科技为核心的信息媒体资源融入课程中,这些资源的优势在于存取信息便捷、处理信息速度快、沟通便利,而且能够从声音、光线、画面等多方面刺激教学对象的感官功能,调动学生学习的积极性。"将信息技术融入课程",这里的"融入"虽然是一个动词,但也可以将其理解为一个名词,意为"教学工具"。在课程教学中融入信息技术,教师在传授教学内容、实施教学策略的过程中可以将多媒体和网络资源等重要的教学工具运用起来,有效达成教学目标,这对教师的计算机操作能力提出了一定的要求。

(三)数字化学习

在信息化时代,数字化学习方式逐渐融入人们的生活,改变了人们的学习方式和学习习惯。数字化学习在教育教学中发挥了重要的作用。信息技术与课程的整合从某种程度上来说就是以数字化学习为核心的,二者的整合构成了一种新型教学方式,在以信息技术为基础的教学过程中,要重视学生学习方式的变革和优化,充分发挥学生的主体性,注重对学生实践能力、创新素养的培养。数字化学习方式在这方面起到了重要的作用。

总的来说,信息技术与课程的整合就是在课程实施过程中融入信息技术这一重要的教学工具和学习工具,从而改善课程实施过程和优化课程教学效果。传统教学中运用信息技术只是将信息技术作为辅助性教学手段,对信息技术的认识比较片面,而这里强调信息技术与课程的整合,就是要走出认识误区,要对信息技术有系统而全面的认识,在信息技术的基础上建立信息化教学模式,鼓励教师与学生运用信息技术资源进行探究性教与学,并加强协作教学。

## 三、信息技术与课程整合的阶段

(一)以知识为中心的整合

这是信息技术与课程整合的第一阶段,我国在推动信息技术与课程整合的过程中大都处于这一阶段。在这个阶段,信息技术是教师课堂教学的演示工具、与学生进行信息交流的媒介工具以及进行直观教学的辅助教具。利用信息技术这个教学工具,将理论知识或直观技能展示或演示出来。但在这个初始阶段,教学过程呈现出封闭性,教师完全按照教学大纲展开教学,学生的学习信息主要源于课件和教材,学生对现实学习资源的获取路径被阻拦。所有教学环节都按照教材和教案来安排。

倘若教学内容不多，那么讨论环节和自由练习环节的时间就长一些，如果教学内容较多，那么依然是采用传统的"满堂灌"方式来连续输出信息，尽可能在下课前讲完所有内容。尽管基于信息技术而设计的电子课件被运用到课堂上，但这些课件也是在传统教学理念下制作的，没有太大的新意和明显的改变。

信息技术与课程整合的初始阶段主要围绕"知识"来展开整个教学过程，教学模式和传统教学的区别并不明显，不管是教学目标、教学内容，还是教学形式或教学方法，很多都是沿用传统教学模式。在教学过程中，教师依然是主导者，教师的讲授和示范是课堂的主要内容，而学生的学习和练习都显得被动，被动接受知识和学习技能。教师将信息技术引进课堂，所起的作用主要是教师的工作量减少了，在培养学生能力方面并没有取得明显的效果，和传统教学方式的培养效果没有区别。信息技术作为教师的教学工具发挥了基本的辅助作用，却没有使教学水平取得实质性的提升。

（二）以资源为中心的整合

信息技术对学校教学产生了较大的影响，为学生收集资料、加工信息以及远程协作学习提供了重要的工具。信息技术与课程整合经过"以知识为中心"这个封闭阶段后，经过不断地发展而进入了一个比较开放的阶段，即以资源为中心的整合阶段。

在开放阶段，教学思想、教学设计、师生角色等和第一阶段相比都发生了明显的转变。在开放式的整合阶段，教师强调学生发挥主观能动性完成对教学内容的意义建构，教师以资源和学生为中心而设计教学过程，整个教学过程中涉及的各种教学资源都具有开放性，学生可以同时学习和获得学科有关方面的知识和信息技术方面的知识。学生利用信息技术手段自主搜寻丰富的学习资源，获取重要的学习信息，并对关键信息进行加工与整合，将其内化为自己的知识，这对培养学生的实践能力、探索能力以及创新能力都具有重要意义。在开放式的整合阶段，教师不再是课堂的绝对主导者和控制者，而是学生学习的组织者、帮助者和指导者，也是学生的合作者，师生共同在基于信息技术而构建的教育信息技术环境中展开双向互动式教与学，有效提升了教学效率和最终的教学效果。

### （三）全方位的整合

信息技术与课程整合从封闭阶段进入开放阶段，前后之间的差异是非常明显的，开放阶段的整合有了很大的进步，但在这个阶段依然没有全面改革教学体系中不合理的因素，也没有对关键因素进行信息化改革与创新。在现代教育理论与学习理论的强大支持下，信息技术与课程的整合将越来越系统、全面和细化，这必将推动课程的重大变革，包括课程教学目标、教学内容与方法、教学组织形式等各方面的变革和优化，从而提升信息化课程教学的质量，使信息技术在不同的教学环节实现无缝穿插和融合，达到全方位融合，实现信息技术与课程整合的更高发展目标。这是信息技术与课程整合的理想阶段，但我们还需要很长的一段时间才能经过第一阶段的尝试和第二阶段的过渡而顺利进入这个理想的阶段。

现阶段，为进一步发挥信息技术在课程教学中的重要作用，实现信息技术与课程整合得更高发展目标，我国很多学者和教育工作者都做了大量的努力，包括不断地探索和实验，积累了一定的经验，也取得了显著的成绩。但信息技术与课程教学的深度及全方位整合还需要漫长的探索和实践才能真正进入理想阶段，因此，教育工作者还需继续努力，坚持探索，大胆创新，以最大限度地发挥信息技术对提升课程质量的价值与功能。

## 四、信息技术与课程整合的原则

### （一）全面性原则

信息技术与课程整合要面向全体师生，教师根据自己的教学能力、学校教学条件以及学生现实状况而将信息技术灵活融入整个课程实施过程中。每位学生都是独立的个体，即使进行集体教学，也要考虑不同学生的学习能力和学习需要。基于对全体学生实际情况的考虑而对不同层次的教学目标进行制定，教学内容、教学方法、教学评价也要有层次性和区别性，从而促进全体学生的共同进步和学生个体的全面发展。

## (二)实践性原则

在信息技术与课程整合中,要深入学生的生活,了解学生的生活体验,使学生将自己的能动性充分发挥出来,对学生的观察能力、思考能力、分析能力、探索能力进行培养,并善于激发学生的求知欲和学习积极性,使学生在信息化教学中对学习内容进行自主探求,主动发现问题,并独立或合作解决问题,提升实践能力。

传统教学模式下,教师是课堂的中心,教师"满堂灌",学生"机械学",教与学相互分离、严重脱节,教学内容与学生的现实生活联系不紧密,影响了学生将所学知识运用到现实生活中去解决实际问题的意识和能力的发展。在信息技术背景下构建新兴教学模式,将信息技术充分融入教学中,改革传统教学中不合理的要素和环节,从学生的现实生活中开发教学内容资源,选择适宜的教学方法,使学生的主体认知能力有机会得到充分发挥,这对培养学生的智力、能力及综合素质都具有重要意义,能够促进学生健康成长与全面发展,满足时代发展的要求,适应社会转型的需要。

传统教学模式僵化、呆板,在一个"死胡同"里来回打转,对教学效果造成了限制,而将信息技术引进教学中,构建新的教学模式,可以强化教学的开放性,拓展教学内容,打破传统教学方法的限制,运用现代科技成果尤其是信息教育技术而提升教学质量。

## (三)创新性原则

信息技术与课程整合、共同发展,更有助于对学生的创新素养进行培养。在信息技术与课程的整合中要贯彻创新性原则,营造创新的教育环境,激发学生的探索热情和创新意识,使信息化教学过程成为学生自主探索和深入实践的过程,成为学生主动创造和创新的过程。

## 五、信息技术与课程整合的形态

### (一)信息技术作为学习内容

L-about IT 直译就是"学习信息技术",就是将信息技术作为一个专门的学科开设,旨在让人们掌握赖以生存的重要工具——信息技术。

高端网络技术实践的主要目的,是本着扩展学生的网络资源、扩展信息要素为出发点,把网络技术当作研究的榜样,学生有效地掌握高端网络技术的基础知识,学习网络技术的基础技能、原始工具的使用,掌握一定的网络技术。但同时,高端网络技术实践的运用并不是仅仅为了学习网络技术本身,更重要的是要让每位学生形成自己的个性,并得到更好的展现,会运用网络手段促成多方的交流、合作,打开眼界,提高判断水平,运用网络技术完成问题的落实,做好一生学习的准备,要知道高端网络信息的明确,是我们每个人的权利,也是我们应尽的义务,按照它的规定,形成与网络技术相匹配的观念和感觉,为打造出适合社会的复合型人才提供支持。根据信息技术新课标(课程标准),信息技术作为学科科目,作为学生学习的对象,包含三个方面的内容:知识与技能、途径与方法、个体态度与价值观。

(二)信息技术作为学习环境

L-in IT 直译为"在信息技术中学习",就是在信息技术构筑的环境中学习。在这样一种模式下,信息技术扮演了一个环境角色,这个环境包括提供的物理环境、资源环境和社会性环境,这种模式一般融入前两种模式中,不单独发挥作用。

## 第二节 信息技术与课程整合的理论基础

信息技术与课程整合是信息技术在教育教学领域应用和发展的新阶段,是教育信息化的核心。信息技术的迅猛发展以及与课程的整合已对教育产生了深刻的影响,并促进了教育教学领域的重大变革。教育理论是教育教学研究和实践的桥梁,信息技术与课程整合的实践必须以科学的理论为指导,才能切实有效地实现整合的目标。

## 一、建构主义理论

建构主义(Construcivism)是一种关于知识和学习的理论,强调学习的社会性、情境性和学习的主动性。建构主义作为一种新的认识论,在教育理论中产生了深刻的影响。建构主义认为,学习不是通过教师的传授得到的,而是学习者在一定的社会背景下,即教学情境下,借助于他人的帮助和利用学习资料,在原有的知识经验之上生成意义、建构理解而获得的,这一过程常常是在社会文化互动中完成的。

建构主义理论的内容极其丰富,但其思想核心可以概括为:以学生为中心,强调学生对知识的主动探索、主动发现和对所学知识意义的主动建构。建构主义理论者认为,只有认识了学习的建构性才能真正认识到学生的主体性,只有建构性学习才最符合学习的本质,最有利于开发人脑的潜力,最能促进人的整体的、可持续性发展。因为这不是一种具体的学习方法,而是人探索、认识、发现世界的方式。

多媒体技术和网络技术在教育领域的广泛应用,为建构主义所倡导的理想环境提供了强大的物质支持,方便了建构主义理论逐渐进入各级各类学校的课堂,成为支持多媒体与网络技术以及信息技术与课程整合的重要理论基础。

建构主义在知识观、学生观、学习观等方面提出了一系列新的理解和解释,具有迥异于传统的学习理论和教学思想,对课程整合、教学设计、教学改革等具有重要的指导价值。

传统的知识观认为,知识是客观的、无可怀疑的和固定的。建构主义理论者认为,知识并不是对现实的准确表达,不是放之各种情境而皆准的教条,亦不是问题的最终答案。知识只是一种解释、一种假设,它必将随着人们认识程度的深入而不断地变革、升华和改写,出现新的解释和假设。

建构主义理论者认为,教学不是简单地把知识经验灌输到学生的头脑中,而是通过有效的方式创设学习情境,帮助学生在原有知识经验的基础上建构新的知识经验。在知识经验的建构过程中,即学习过程中,以学生为中心,教师利用情境、合作、会话等学习环境要素,充分发挥学生的主动性、积极性,通过教师的组织指导、帮助和促进,最终达到使学生有效地实现对当前所学知识的意义建构的目的。

由于学生了解自己所要解决的问题,任务本身又是整体性的,所以解决问题本身就是一种很高的奖励,而这种奖励或成功更有助于增强学生的自信,激发学生进一步学习的需要和兴趣。同时,问题具有较高的复杂性,所以情境性教学较之课堂环境更容易培养学生独立探索的能力,并在解决问题的过程中使学生获得多方面的知识。

## 二、多元智能理论

多元智能理论(Multiple Inteligence)是目前被广泛应用,并对各国教育改革产生重要影响的理论。多元智能理论是20世纪80年代美国发展心理学家加德纳(Howard Gardner,1943— )提出来的。他认为每个人身上都不同程度地同时拥有七种智能:言语/语言智能(Verbal/Linguistic Inteligence)、数理/逻辑智能(Mathemati/Logical Inteligence)、视觉/空间智能(Visual/Spatial Inteligence)、肢体/运动智能(Bodily/Kines-thetic Inteligence)、音乐/节奏智能(Musical/Rhythmic Inteligence)、人际交往智能(Interpersonal Inteligence)、自我内省智能(Intrapersonal Inteligence)。1995年,加德纳又补充了自然观察智能(Naturalist Inteligence),后来又增加了存在智能(Exitential Inteligence),形成九种智能,但一般常用的是前八种智能。在加德纳看来,人的智力应该是一个量度,是一个解题能力(Ability to Solve Problems)的指标,过去传统的智力定义过于狭窄,只重视言语/语言智能、数理/逻辑智能,未能正确反映一个人的真实能力。根据加德纳的多元智能理论,个体的这些智能都有其独特的遗传基础,各种智能之间的不同组合表现出个体间的智能差异。由于每一种智能所使用的个人资源不同,所以其信息加工的过程也不同。

(一)多元智能理论的基本观点

第一,每个人都具备至少八种智能。智能主要是一种生理心理潜能,每个人都具备,可以靠环境的影响和教育来开发。

第二,大多数人可以使每种智能达到很高的水平。如果给予适当的鼓励、培养和指导,那么每个人都有能力使八种智能达到很高的水平。

第三,解决问题需要多种智能组合,把智能划分成九种,并不意味着一个人只有某一种。另外，多元智能论所包含的九种智能模式是暂时的，除了上述所讲的智能之外，仍可能有其他智能的存在。

第四，每一种智能都有多种表现形式，如音乐智能包含了演奏、歌唱、写谱、指挥、批评与鉴赏等次类智能，所以一个人可能歌唱得不好却很会作曲，不会演奏却善于批评与鉴赏。

第五，个体还存在拥有其他智能的可能性。

### （二）在信息技术与课程整合中促进多元智能的发展

信息技术具有多种特性，与多元智能发展之间有着内在的联系，能够为学习者智能的全面发展创设条件和提供技术支持，使多元智能理论思想的实现成为可能。多元智能理论提示各教育阶段的教师在安排教学活动时，要同时兼顾多种智能领域的学习内容，综合运用语言、批判思考、操作、合作学习、独立学习等多样化的教学方法，尽可能地为学习者同时提供有利于多元智能发展的学习情境，让每个学习者的各种潜能都有获得充分发展的机会。在信息技术环境下的课程教学中，信息技术与课程整合促进学生多元智能发展主要可以从以下四个方面来实现。

#### 1. 利用信息技术作为多元智能发展的活动平台

现代信息技术所具有的多种特性，能够为学习者多元智能的发展创设一种适应性、触发性、沉浸性和诱导性的学习氛围，特别是计算机、多媒体、网络技术、虚拟现实技术、人工智能等信息技术，能够提供声音、图形、色彩等视觉和听觉等的多重感觉刺激。这种丰富多彩的感觉世界，既为学习者提供了丰富的学习资源，又创设了意境化的学习情境，是激发、诱导和强化学习者多元智能发展的高效活动平台。

#### 2. 利用信息技术为多元智能发展创设丰富的基于活动的学习

一般情况下，学生多元智能的开发和发展需要在多样化的活动情境下展开。根据多元智能理论思想和学科课程的特点，在学科教学实践中利用信息技术手段，恰当高效地融入信息技术的因素，将信息技术的特征和学科课程有机地结合起来，为学生营造和创设丰富多彩的学习情境，这种基于活动的多样化的学习能够极大地促进学生多元智能的发展。

3. 利用信息技术促进学生优势智能的发展

信息技术是促进学生多元智能发展的关键所在。在教学和学习实践活动中,根据学生个体的特点把多元智能理论和相关的信息技术手段结合起来,付诸教育教学和学生学习实践,促进学生个体所拥有的优势智能的发展。如运用打字帮手、文字处理软件、外文软件、电子图书馆、多媒体演示工具、故事光盘、网页制作、文字游戏软件等发展学生的言语/语言智能,运用计算机辅助设计、制图工具、逻辑性游戏数学技能指南、科学程序软件、批判性思维软件、数据库等开发和发展数学/逻辑智能、运用动画程序、几何学软件、建模工具软件、仿真系统、计算机辅助图像处理、虚拟实验室等发展视觉/空间智能等。

4. 利用信息技术作为多样化的学习和评价工具促进发展

目前,教学评价主体正在从教师的一元化评价向师生多元化转变,评价内容从单一化的评价学生学习成绩向多方面的评价学生素质转变,评价的方式从传统的单纯打分或划分等级向定性评价、量化评价等多种评价方式转变,评价过程从静态评价结果向动态评价学习者的整个学习过程转变,评价功能也从甄别选拔功能向促进学生全面发展功能转变。

## 第三节 信息技术与课程整合的模式及案例分析

### 一、信息技术支持下的课程教学模式

(一)小组协作模式

知识分散在不同地方或不同人脑中,对知识的共同建构是通过协作组的互动及各种不同群体的组合而实现的,这是分布式认知理论的基本

观点。知识的社会化建构需要依赖协作学习,小组协作模式指的是教师组织学生以小组或团队的形式进行学习,且学生之间通过对话、商讨、争论等方式来充分论证学习问题,从而完成小组学习任务、达成小组学习目标的过程。

小组协作学习模式的操作步骤如下。

第一,创建小组,选择主题。

第二,任务分解,明确分工。

第三,协商讨论,完成作品。

第四,展示成果,评价反馈。

(二)任务驱动模式

任务驱动模式指的是在教学任务的驱动下,学生将各种有效的教学资源利用起来,通过自主学习、合作学习、探究学习等方式获得知识与技能的教学活动。教师在采用这一模式进行教学的过程中,提出学习任务的难度应不断增加,将学习内容隐含在任务中,学生逐步完成每项学习任务后,实现对新知识的意义建构。任务驱动模式的实施过程其实也是引导学生不断探究(发现、分析和解决问题)的过程,学生掌握新知识与新技能的程度最终通过作品呈现出来。

任务驱动模式的操作步骤如下。

1. 创设情境

基于学生的真实生活创设情境,将学习任务隐含在情境中。

2. 设计任务

第一,明确设计目标。

第二,任务具有开放性、挑战性、启发性。

第三,留给学生思考、探索、交流的空间。

3. 完成任务

学生通过搜索网络信息和资源,并利用学习材料和各种工具来创作作品。教师要给予指导,如划分完成任务的步骤,提供范例等。

4. 成果交流

教师组织学生进行成果交流，让学生总结经验，反思学习过程，并鼓励学生发挥创新思维。

(三)混合式教学模式

1. 混合式教学模式的内涵

学术界对"混合式教学"的认识与理解经历了从广义到狭义，从泛化到细化的复杂过程，关于混合式教学的定义有很多，下面列举几个。

第一，混合式教学是综合运用多种教学媒体的教学。
第二，混合式教学是面对面传授与在线协作学习有机结合的教学。
第三，混合式教学是"以教为中心"与"以学为中心"的结合。
第四，混合式教学是线下面对面传授与在线学习相结合的教学。

以上几个定义中，最后一个定义相对比较权威，且具有可操作性。有学者指出，如果在线学习时间在总学时中占30%到50%，那么这就是混合式教学。这个定义使混合式教学的研究领域具有一定程度的明确性，而且在实际操作中可以灵活采用多种形式，操作者自由发挥与创新的空间很大。调查发现，目前真正采用了混合式教学模式的课程大都出现在高校，该教学模式有效提高了高校教学的效果。

2. 混合式教学评价

近年来，为避免"一考定成绩"的弊端，许多高校更加关注师生互动和学生平时表现，强调学生的个性发展。下面以线上与线下教学为基础，以"超星学习通"平台的混合式教学为内容，将过程性评价内容分为课前预习评价、课中活动评价和课后复习评价三个阶段。

(1)课前预习评价

主要包括每章节预习访问次数、每章节预习时长与进度、在线答题成绩、线上参与讨论交流四个指标。教师在课前将每章需要预习的课件、视频等资料发布到平台上，通过学生观看预习资料的次数、时长来评价学生参与的主动性。以每章节内容为基础，通过在线答题成绩及讨论交流的互动参与度检验学生课前预习的效果。

(2) 课中活动评价

主要包括签到、课堂提问次数、课堂参与讨论交流、课堂互动、分组任务五个指标。在授课过程中，课堂提问次数多，学生讨论交流热烈，课堂互动学生参与度高，表明课堂活动气氛良好，学生与教师互动性强。通过课堂活动评价，教师更加容易调动学生参与教学活动的积极性，详细了解学生对知识的理解和掌握情况。

(3) 课后复习评价

主要通过章节作业、章节测试、反馈答疑三个指标来考查。如果学生的作业及章节测验认真完成，则说明学生的课后学习效果好。反馈答疑帮助教师及时了解学生薄弱环节，帮助学生巩固所学知识。

3. 高校混合式教学的现状

(1) 线上和线下教学活动设计不规范

混合式教学是要把传统线下教学的优势和线上教学的优势结合起来，线下注重精细化和深度，线上注重综合化和广度。实际上，大多数教师没有深入分析线下教学和线上教学的优势，缺乏变革意识，没有做到对两种形式取长补短、相互补充，线上和线下教学活动彼此呼应性不足，线上教学经常出现简单重复线下内容的现象。与传统教学不同，混合式教学不仅要考虑线下教学活动的安排，也要明确线上教学的内容，要求教师充分利用线上教学和线下教学优势，合理设计教学活动。

当前，一些教师从重新组织教学内容的倾向度而言，教师完全不会主动调整教学内容，而是忠实地执行教材内容，且大部分教师比较不愿意去重新安排教学内容，共性教学内容的个性化安排较差。混合式教学活动设计通常以传统教学设计为蓝本，没有明确线上和线下教学形式的特点和规律，部分初中教师凭感觉或难易程度分配教学活动，没有全面分析学生的学习能力和学习需求，活动设计缺乏科学性。目前，混合式教学没有一个经过实践检验完全可行的教学过程模式供教师参考，很多初中教师在不断探索的过程中试错，导致线上和线下教学活动混乱，疫情期间出现教师把线下教学内容直接搬到线上进行的现象。

(2) 优质的线上教学资源贫乏

当前，线上教学资源大多是单向呈现的，典型案例包括电子教案、习题、数字教材、微视频等,资源呈现形式比较传统,缺乏具有互动性的在线教育资源,如虚拟仿真软件、个性化题库等。线上教学资源的质量不能得到保障,学习资源缺乏高层次的认知性与系统性,很容易使学习浅层化,知识碎片化。线上教学资源的大量涌现催生了线上教学平台的蓬勃发展,如 MOOC、国家教育资源公共服务平台、微课网站等,为教师、家长和学生提供了服务,但一些教师表示"仍缺乏一个符合本地需求的、权威的、实用的综合性教育平台"。一些商业机构将原有功能改造添加教学模式进一步开发为线上教育工具,如 QQ、腾讯会议、钉钉等软件,教师一味追求制作教学视频制作与发布,没有进行在线教学设计探讨,缺乏足够的教育性,极易陷入微视频灌输的倾向。

(3)教学方法拘束于知识讲授

教学方法具有多样性和灵活性,教学方法的选择影响混合式教学的实施质量。混合式教学要求综合多种形式的教学方法,把线上教学和线下教学的优势结合起来,针对不同的教学任务和教学情境,采取适合的教学方法,充分发挥学生主体的自主性、能动性和创造性。目前,混合式教学在教学方法方面主要存在以下问题:一是教学方法单一,以教师讲授为主,注重系统知识的讲解、练习与记忆,学生缺乏探究学习和合作学习的机会;二是教学方法浅表化,没有充分挖掘技术在教学中的作用,基本上是利用 PPT 的展示功能,信息化媒体应用较少。

(4)学生缺乏自主学习的内在动力

学生的内在学习动力对学习者的学习效果重要。大学生缺乏学习的内在学习动力,分为三个方面来详细说明。

第一,由于大学生群体的多样性和个性特征,这就产生了多样化的学习动机,每个大学生都有各自不同的学习目标和学习动机。例如,有的大学生想要通过学习为未来取得一份好工作;有的大学生想要提高自身的技能以及职业素养;也有的人是想开阔自己的视野,学到更为广阔的知识;还有的大学生是想通过学习获得好成绩而获得家人或者老师的好评价。对于自主学习尤其是混合式学习背景下的自主学习,大学生进行学习尤其是网络学习时,由于其外部监控的不足,大学生对待课程不认真。

第二,浓厚的学习兴趣可以促进大学生积极主动地学习,有利于学生在学习过程中克服难题,取得理想的学习结果。但是当前的大学生由于其学习兴趣低,对学习内容不感兴趣。在大学课堂中,课堂人数多,集体大班制的授课形式，教师无法照顾到每一位学生，教师的教学方式大多是讲授为主，辅以多媒体课件。学生在这样的学习情境下，被动地接受知识，没有主动学习的兴趣，学习情绪不高，缺乏学习兴趣。学生对所学习的课程不感兴趣，这样就会产生一系列的问题。学习兴趣不高，就会对学习产生厌倦感，不认真学习专业的基本知识和技能。此外，大学生被动地接受知识，没有自己的思考和自我建构，因而不能将知识学以致用。学习兴趣能够使学习有着明确的方向，加强大学生自主学习兴趣，对于取得理想的学习效果非常重要。

第三，学习态度是后天接受的教育、所处的环境以及个体自身的努力等所种因素共同作用的结果。中学时期的学生由于学习明标非常确定即努力学习考入重点高校，有教师和家长的监督和管教，这使得他们的学习态度非常端正。大学生经过压力大的高中学习时期，步入大学，心理上就会对自身放松。此外，大学生的学习环境相对自由，教师和家长的监管没有像之前中小学时期那样严格。一部分大学生会认为考上了大学，学习的任务就完成了，因而思想散漫，没有明确的学习目标和学习动力。在学习过程中，没有明确的学习目标和学习动机对于学生的学习是极其不利的。适当的学习动机和学习目标会促进学生的学习，但是，当下大学生的学习缺乏内在学习动力。因此，在混合式教学情景下，如何让大学生的自主学习更加具有内在动力，提高学习效率，帮助大学生取得理想的学习效果，也是急需解决的问题。

(5) 学生自主学习缺乏完善的评价与反馈机制

完善的评价与反馈机制，无论是对大学生学习还是教师教学而言都是非常重要的。完善的评价与反馈机制，一方面，能够让大学生自己知道具体哪些知识掌握不到位，能够为下一次的学习活动提供充分的准备。另一方面，教师能够及时掌握学生的学习情况和学习动态，有助于教师给学生提供针对性的指导和帮助。

在混合式学习背景下，学校应当为大学生自主学习提供一个稳定的"教—学—评"学习平台和评价反馈机制。学习者便可以根据反馈系统的意见及时调整自己的学习方法和今后的学习计划，从而使学生更好地完成自主学习任务。学生的学习过程和学习成绩需要教师进行评价，教师需要掌握学生的学习动态。当前，自主学习方式已经实行，但是针对大学生自主学习的反馈与评价机制却没有。那么，大学生处于混合式学习背景下，使用的反馈与评价机制却还是传统课堂学习模式下的反馈与评价机制。没有针对性的反馈与评价机制,大学生的学习情况得不到准确和有效的反馈与评价,就会影响大学生下一阶段的学习以及学习的积极性。

(6)混合式教学资源形式单一,难以共享共建

多样化的信息技术课程教学资源能有效帮助学生达成课程综合学习目标,提升学生的学科核心素养。因搜集、制作技术要求不高,教学课件、微视频等信息资源成了当前信息技术课程开展混合式教学的主要教学资源。这些形式单一、知识点零散的直观呈现,无法体现所学知识和技能的内在逻辑性,更难以突出重点难点,无法检测和反馈。同时各个地区高校的信息技术课程教学内容各异,资源库建设标准不一,而且仅对校内或区域内学生开放,导致课程教学资源重复开发,人财物力浪费,难以群策群力。各高校可参考借鉴中国大学 MOOC 国家级在线学习平台的开放和学习管理模式,共享资源,携手共建信息技术学科教学资源库,以帮助学生实现灵活的学科自主学习,提升学生核心素养。

(7)对教学资源的利用意识不强,缺乏创新性

思想是行动的先导,没有付出行动的思想是空思想。拥有付诸行动的意识才能取得成功,在课堂教学中亦是如此。当前,高校教师普遍都认为对于利用混合式教学资源进行教学很有必要,可见高校教师认为混合式教学资源的利用对于开展教学很有必要。但是很多教师对于混合式教学资源利用的创新意识不够强烈。混合式教学资源效能充分发挥的前提就是使用主体能够明确混合式教学资源效能发挥过程中所承担的具体职责。

当前,高校教师对于混合式教学资源的利用并未能真正重视,缺乏对已有混合式教学资源利用的创新意识。一些教师在使用混合式教学资源时,会做出相应的调整,但是大多数教师还是存在"拿来主义"的现象。部分教师认为"通常备课时,我会通过互联网搜寻所需要的视频,进行下载准备课堂播放使用……""对于一些案例、文献资料,会进行适当的选择和修改,一般都是根据教学内容去寻找信息资源……"可见,当前教师对于混合式教学资源的使用缺乏创新意识,少部分教师会根据教学需要进行适当修改,但是仅停留于简单加工的阶段,并未进行实质性的创新。另外,教师在备课过程中,主要依据教学目标寻找契合的混合式教学资源,并不会以各类形式多样、功能性不同的混合式教学资源而发掘新的教学内容,教师信息化教学思维局限于当前已有的混

合式教学资源之中。可以看出,当前高校教师普遍具有混合式教学资源的利用意识,但是在混合式教学资源的使用方面思维较为固化,缺乏创新意识。

3. 高校混合式教学的改革与发展策略

(1)转变课堂形态

第一,从封闭课堂转向开放课堂。封闭的课堂不仅指课堂环境的封闭,更指的是课堂各个组成部分的封闭,主要表现在问题、经验、思维、教师交往等层面。在互联网背景下,每个人都在通过网络获取信息,教师与学生也不例外。对于学生而言,互联网让他们接触了各种信息,逐渐提升了他们的认知水平,产生了更多的新思维。对于教师而言,互联网也让他们不断革新自己的教学方法,增加自己的知识储备,加强与其他教师的合作等。

开放课堂就是运用互联网资源,打破传统课堂的时空限制,将教师、学生从教材中解放出来,实现师生、生生之间的互动与合作,培养学生树立独立思维意识。开放课堂相比于封闭课堂,经验、问题、思维等都变得更为开放。现如今,学生可以从不同的渠道获取信息,实现自身新旧经验的碰撞。

第二,从现实课堂转向混合课堂。随着信息技术的发展,优质的网络平台逐渐建立和开放,为学生的多样化学习提供了更多选择余地。传统的现实课堂中,学生不可能将教师讲授的内容全部接受,导致传统的课堂过分注重理论而忽视实践。虽然各种虚拟网络课堂发展迅速,但是由于学生缺乏学习主动性,导致虚拟课堂也出现了很多弊端。因此,将现实课堂与虚拟课堂相融合的混合课堂才是首选。

混合课堂是融合了现实与虚拟、线上与线下的模式,能够拓展学生的学习时空,发挥教师的辅助与引导作用,让学生获取更为优质的资源,培养学生的实践能力。

在当前的教学中,混合课堂的应用主要有如下几个步骤。

第一,通过学习平台为学生布置任务,让学生通过观看短视频,对下堂课所要学习的内容进行搜集。

第二,在课堂上,学生展示自己的学习结果,也可以提出学习中的问题,在课堂上展开探讨。

(2)应用数字资源

数字资源对于当代人来说是非常便利的,并且其资源非常广泛。但是,无论资源多么庞大,只有将其运用到恰当的领域中,才能彰显其价值。高校教学应该充分借助数字资源的优势,进行教学创新,具体来说,可以从如下几点展开。

第一,积极搭建数字化教学平台。随着互联网的普及,现阶段的大学生对于电子设备、网络都非常依赖,因此可以借助信息技术来搭建数字化教学平台。数字化教学模式改变了传统的时空问题,能够为学生提供更为便利的平台。数字化模式不仅局限于课堂的学习,高校教师还应该为学生搭建数字化平台,在搭建平台时,教师应该从社会的需要出发,制定高端的教学目标,建立科学的教学体系,实现数字化模式的创新。

另外,教师还可以创建微信公众号,定期发布一些学习内容,做好对公众号的维护,让学生在课堂之外能够感受到学习氛围。当然,教师也需要做好监督的工作,帮助学生提升自身的自主学习能力。

第二,创新教学手段。在数字化背景下,高校教师应该充分利用数字化设备,借鉴不同的教学模式,为学生解释文化知识与内容。在教学手段上,教师可以采取线上体验式教学。传统的体验式教学大多是线下的,而现在加入线上设备,使得体验式教学的选择更为丰富,更具有探究性,同时激发学生对知识的探究意识。例如,教师可以选择一个电影片段,让学生体会语言的魅力,进而让学生进行配音,这样不仅能够让学生体会到原汁原味的语言,还能调动学生学习的积极性。

第三,创新教学内容。教师在开展教学之前,除了梳理本节课需要讲授的知识,还需要进行课外拓展。如果数字化设备仅仅是将书本知识搬到网络上,这样就丧失了数字化教学的意义,教师应该对教学内容加以丰富,提升教学的趣味性与全面性。

(3)构建智慧课堂

"互联网+"教育创造了多种教育手段,其中智慧课堂就是其中的一种重要模式。智慧课堂即依靠智能化技术,发挥教师与学生的智慧,对传统课堂教学模式加以优化。

智慧课堂要求以智慧教学环境作为支撑,这些智慧教学环境包括智慧校园网、学习资源平台,核心在于通过网络或者移动终端,接入学习内容,展示学习活动,更新与共享学习内容等。智慧教学环境可以实现真实情境的创建，实现学习协作，还可以推动个性化的学习资源。智慧课堂的实施程序如下。

第一，课前学习阶段。在课堂开始之前，教师可以通过网络问卷、测评等，对学生的学习需求加以了解，从学生的学习需求出发，教师为学生提供学习资源，制定学习任务。智慧的学习不仅包括习得知识、获得技能，还包括提升学生的思维与文化素养。

第二，课堂学习阶段。在课堂进行中，智慧课堂教学要求发挥教师的智慧，运用先进科技，让学生主动探究。在课前检测阶段，可以通过在线测评，对学生的学习情况进行评估，从而设置自己教学的重难点。教学的重难点需要教师给予一定的指导，同时可以组成小组进行协作学习。在智慧课堂中，教师可以运用在线网络和移动终端，对学生展开形成性评估。这是通过对学生学习过程的观察与记录，对学生的学习效果进行监测，激发学生的学习兴趣。

第三，课后学习阶段。首先，在课堂结束之后，教师需要评价学生的学习成果。基于放在网络学习平台中设置的"学习记录"模块，对学生的学习情况加以记录。其次，在评价的基础上展开个性化反馈，为学生设置个性化的作业，如果学生在学习中遇到问题，教师可以进行针对性的辅导。

(4) 建立健全混合式教学过程管理组织系统

第一，建立混合式教学激励机制。针对混合式教学质量管理过程中过于注重规范限制，通过相关教学守则简单考查学生出勤率、教师备课完成情况等的传统管理模式已无法适应混合式教学质量管理过程的需求。高校应充分认识到线上教学与传统线下教学的区别，建立有效且完善的师生激励机制，有效调动师生在混合式教学过程中的交互性和积极性，促进师生自我管理能力的生成与发展。混合式教学激励机制的建立可通过人文精神的培养、政策制度的诱导、物质与精神奖励的并用等共同实现激励作用。高校在建立激励机制时，应注重把教学目标、课程目标的完成与实现同师生激励、管理人员的激励相结合起来。应注重物质奖励、精神奖励相结合，通过不同的激励方式达到不同的激励效果，评估不同奖励方式对于不同主体的作用，将混合式教学质量效果的管理同多重奖励方式相结合，激励全体师生、相关教学行政管理部门管理人员将教学质量效果的提升同自身的发展与需求联系起来，增强自发积极提高教学效果的内驱力。

第二,建立信息反馈机制。根据全面质量管理理论,反馈是质量管理过程中重要的一个环节。混合式教学质量管理过程中,教育政策决策方式多为学院领导者、行政部门管理者的单向决策,缺乏与师生协商、相互沟通的反馈机制。混合式教学管理活动应以师生教学活动实施前、中、后的系统过程作为管理的核心环节,若在此监督管理过程中缺乏师生对教学效果、教学政策实施的反馈机制,那么相关政策和机制的建立在一定程度上存在较大的盲目性。高校应结合教学活动中不同参与主体的作用,通过多种形式做好全员参与反馈的协调、组织、指导,让每个参与者树立全面质量管理观和质量责任意识,自觉参与到对结果的反馈中来;建立多种信息沟通渠道,打通教师、学生与教育行政管理部门或校级领导者之间的沟通壁垒,建立有效的双向沟通机制;此外,对反馈行为进行物质或精神奖励,设置对应奖项,对具有建设性和创新性的有效反馈进行激励,通过有效的奖励方式鼓励相关主体积极参与到反馈中,共同促进混合式教学的质量优化。

第三,建立动态高效的网络管理系统。在现有教学质量保障体系下,高校可结合混合式教学主要依赖网络平台实现教学活动的特点,运用混合式拓展过程管理中的空间和创新管理方式,通过开发网上教学质量管理系统,实施对教学过程的动态且高效的监管,实现对教学过程中教师、学生、企业、督导专家、教学管理者等所有参与主体评估,改进传统教学管理中自上而下的主要由教学管理者或领导层对师生教学活动进行管理的教学模式,实现对教学活动中所有参与主体全面、全方位的过程管理,如教学活动过程的数据记录、准确全面的评价管理、实时信息反馈及教学改进指导。利用动态高校的网络管理平台,实现混合式教学活动实施与管理同步进行,全面提升混合式教学管理效果。

## 二、信息技术与课程整合的教学模式

学习者要进行有效学习,必须同时具备内部条件和外部条件。内部条件指学习者的主动性、积极性等,外部条件包括求教对象、学习资源、学习环境等。传统的教学模式无论是在内部条件还是在外部条件方面,都不能充分满足学习者的需求,主要表现在学习资源匮乏、学习者学习主动性欠缺、教师和学习者互动方式单一、学习的等环境落后等多个方面。

在教育信息化时代,教师能够充分运用信息技术,为学生提供基于教学目标要求和学生身心发展水平的优质资源环境。信息技术的迅猛发展以及在教育教学中的广泛应用,对变革传统的教学模式产生了深刻影响。例如,计算机提供了人机交互功能,多媒体技术又使交互形式更为生动活泼,这就为个别化学习提供了便利条件。

下面介绍几种较为典型的信息技术与课程整合的教学模式。

## (一)信息技术作为学习对象的整合模式

开设"信息技术"课程,在课程教学中引入课程知识,如在"信息技术"课程中结合信息检索课程内容,把检索资料作为教学内容之一。

### 1. 带疑探究—讲授示范—动手操作型模式

该模式实施程序如下。

第一,教师依据课程教学目标向学生提出具有吸引力或探究性的问题,并激励和引导学生思考与探究,引导学生利用已有信息技术探寻解决问题的方法。

第二,教师将问题分解为若干信息技术学科知识点传授给学生,接着进行示范操作。

第三,学生按照示范尝试独立操作,从而掌握知识和技能。

第四,教师评价,并组织学生互评。

### 2. 任务驱动—协作学习型模式

该模式实施程序如下。

第一,教师依据教学重难点而灵活设计融合了信息技术的教学目标和任务。任务系统呈梯状,由易到难,具有层次性。

第二,教师提出教学任务,让学生自主选择合作伙伴,协作学习、共同探究。学生在探索学习中分享给学习信息和资料,小组内互相交流,共同进步。

第三,教师进行总结性评价,重点考查学生对信息技术的应用能力。

## (二)信息技术作为教学工具的整合模式

信息技术辅助下的教育教学有多种表现形式,下面主要分析几种常见的表现形式。

### 1. 自主-监控型模式

自主-监控型模式是在网络教室里,学生利用教师提供的教学资源进行学习,教师监控学生的学习过程,并提供辅导。在这个模式中,学生可以根据自己的需要使用网络资源。在教学过程中,教师监控学生活动,"手把手"对学生进行交互式辅导教学。

自主-监控型模式的实施程序如下。

第一,教师从教学目标出发来分析与处理教材,决定采取什么方式传授教学内容。

第二,学生接收学习任务后,在教师指导下利用相关资料或信息进行独立学习或协作学习。

第三,教师总结并进行个别化评价。

### 2. 群体-讲授型模式

群体-讲授型模式是在同一时间向班级全体学生传授相同的内容,并将信息技术体现在教学方法和手段的运用中。

这种模式的优势如下。

第一,集图、文、声于一身,使教学更生动有趣。

第二,不受时空因素的限制,便于突破教学重难点。

第三,简单易操作,能够快速、及时地呈现教学内容,提高教学效率。

实施程序:

第一,教师备课时研究教学内容,自己设计课件,或从资源库中选择合适的课件。

第二,教师利用课件创设教学情境,给学生展示教学信息,引导学生思考。

第三,教师总结。

### 3. 讨论型模式

师生通过网络交流进行实时和非实时讨论,这种教学模式一般用于教师提出问题、学生讨论问题的教学中。学生不管是实时还是非实时讨论,教师都要认真倾听,敏锐观察学生提出的问题,并给予指导。讨论结束后,教师进行总结和评价。

讨论模式可以使学生克服心理障碍,参与讨论,畅所欲言,调动积极性,但花费时间较多。该模式的实施步骤如下。

第一,教师依据教学目标分析与处理教材,决定教学内容的呈现形式,并向学生呈现课件或网页类教学内容。

第二,学生接收任务后,在教师指导下查阅资料或信息进行独立学习或合作学习,利用信息技术完成学习任务。

第三,师生共同总结、评价。

### (三)信息技术作为学习工具的整合模式

将信息技术作为获取学习内容和学习资源、情境探究和发现学习、协商学习和交流讨论、知识构建和创作实践以及自我评测和学习反馈的工具。根据信息技术作为认知工具的应用环境和方式的不同,可分为下列几种模式。

#### 1."资源利用—主题探究—合作学习"模式

通过社会调查、确定主题、分组合作、收集资料、完成作品、评价作品、意义建构等环节完成课程学习。教学过程如图 6-1 所示。

#### 2."小组合作—远程协商"模式

在互联网环境下,学生自由组成合作学习小组,围绕同一学习主题建立小组网页,互相浏览,交流意见,进行评比,如图 6-2 所示。

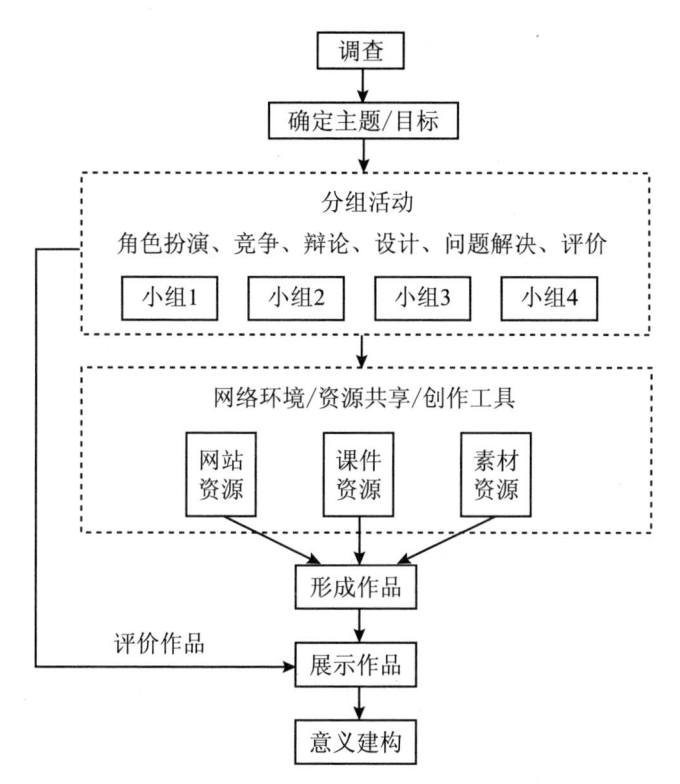

# 第六章　教育信息化的重要创新之信息技术与课程整合

图 6-1　"资源利用—主题探究—合作学习"模式

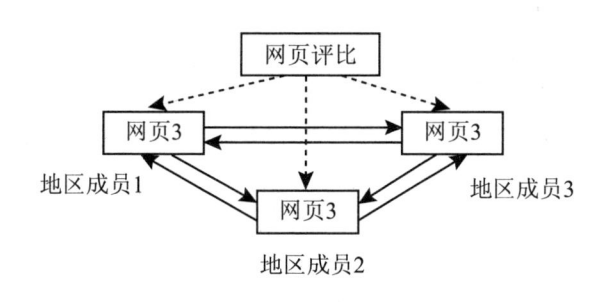

图 6-2　"小组合作—远程协商"模式

3."专题探索—网站开发"模式

在互联网环境下,广泛而深入地研究学习某一专题,要求学生构建专题学习网站来培养创新精神和实践能力。专题学习网站通常包含如下基本内容。

第一,展示与学习专题相关的结构化知识,将与学习内容相关的文本、图像、动态资料等进行知识结构化重组。

第二,收集与学习专题相关的、扩展性的学习素材资源(包括学习工具和相关资源的网站链接)。

第三,围绕学习专题建立网上协商讨论、答疑指导和远程讨论等板块。

第四收集与学习专题相关的思考性问题、形成性练习和总结性考查的评测资料,让学习者进行网上自评。

专题学习网站的结构如图6-3所示。

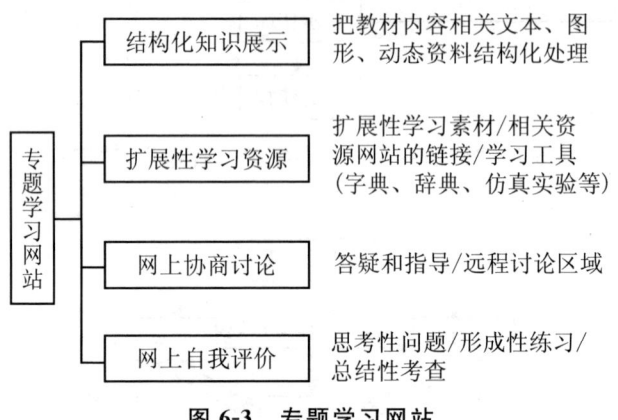

图6-3 专题学习网站

## 三、现代信息技术与课程整合的案例——信息技术与语文课程整合

如以小学五年级"到山下去看树"为例,设计1课时教学案例。

## 第六章　教育信息化的重要创新之信息技术与课程整合

（一）教学内容分析

文章所有的文段放在一起，用三个部分表示，首先写战士们所处的自然环境十分艰苦，什么都没有，什么都看不见，唯一与外面能联系的是电话；其次是视察将军满足了他们到山下看树的愿望；最后的部分是当时的环境虽然艰苦，但也是作者最为怀念的日子。

读完文章，要让学生了解文章都讲了什么，大概内容是什么，让他们感受战士们所处环境的艰苦，让大家更珍惜现在的幸福生活，其中有三个感官体验知识点：高原生态环境的恶劣、高原边防战士生活的艰苦、胡杨树的特点。

（二）学习者特征分析

小学生对很多事都好奇，喜欢钻研，也喜欢效仿。在之前的学习中，取得了一定阅读和利用 Word 编辑文字的能力。对这篇文章能进行独立的阅读，但对作者所表达的情感还不能准确地理解。

（三）教学目标

学生通过本堂课能够做到如下几点。

第一，知识与技能。识记并能灵活运用本课生字以及相关的词语。正确、流利、有感情地朗读课文，描述主要内容。解释"将军缓缓地抬起手来，给我们敬了一个庄严的军礼"的含义。

第二，过程与方法。在教师的引导下，突出学生的体验学习。感受身处恶劣环境中战士们的责任感，体会战士们渴望到山下去看树的心情。

第三，情感态度与价值观。珍惜、热爱现实生活，培养默默奉献的崇高品质。

（四）教学策略选择与设计

教师利用计算机媒体集图、文、声、像于一体的优势，对学生进行多感官的刺激，向学生展示教学的内容，能很好地引导学生进入教学主题，同时在分析课文时，通过计算机提供虚拟的场景，增强学生对生活的间接体验，以达到对作者情感的理解。

### （五）实践设备的准备

实践场所是网络多媒体影音教室。带局域网监控软件的多媒体个人计算机、音箱、教学资源、PPT课件，用于体验的图片、视频、音频文件。

### （六）教学过程

该案例在课堂教学前期，利用信息技术课，使学习者通过自主发现、探索，对整个学习内容有一个初步的认识和印象，从而帮助教师了解学习者特征，同时也提高了学习者使用搜索引擎的能力。在教学过程中，通过复习引入课题，既强化习得知识，又能引起学生注意。结合教学媒体特点，利用图片建立学生对胡杨树的直观认识，为课文学习做好"准备体验"。制作、观看视频，使学生对高原生态环境产生感官体验，进而展开移情和联想，最终，感官具体体验上升到文字抽象体验，强化理解。利用局域网和相关软件开展小组活动，产生组内和组间互动对话，从而共享体验。这既是对教学内容的双重编码、丰富拓展，也是对学生利用信息媒体进行沟通的能力培养，还培养了学生协作、自主学习的良好习惯。开展课外拓展活动，使学生能够对其他类似情景发生体验，并利用所学进行创新。

## 第四节　信息技术与课程整合的新发展

### 一、信息技术与课程整合下信息化教学资源的开发与发展

#### （一）信息化教学资源概述

**1. 信息化教学资源的概念**

在信息技术环境下对教育信息加以承载的各种资源就是所谓的信息化教学资源。信息化教学资源是非常重要的信息化教学材料，其以数

字形态存在,教育价值非常重要。信息化教学资源包含各种数字化教学软件、数字化素材等。

2. 常见的信息化教学资源

信息化教学资源丰富多样,以下几种是高校运用较多且重点开发的信息化教学资源。

(1)教学素材

在信息化教学中对教学信息进行传播的文本素材、音视频素材、图形动画素材等就是信息化教学素材。

(2)教学课件

教学课件是以多种媒体表现的一种软件,在相关科学教育理论的指导下,从教学需要出发,将教学课件的制作作为教学设计的一环,课件应具备结构合理、满足教学需要的要求。

(3)网络课件

网络课件是指对一个或几个知识点实施相对完整教学的软件,根据运行平台可分为网络版的课件和单机运行的课件。

(4)教学案例

教学案例指的是由丰富的媒体元素组合表现的代表性现象或事件,其往往具有重要的教育意义和现实指导意义。教学案例的完整性主要体现在其包含4个重要组成部分,分别是教学设计方案、教学课件、课堂教学视频以及教学反思。

(5)网络课程

在某学科教学中利用计算机网络开展教学活动、呈现教学内容,这是建设网络课程的基本方式。网络课程主要由下列两个部分组成。

第一,通过计算机网络呈现的教学内容,这是以教学目标为依据、运用一定教学策略组织起来的。

第二,在网络教学平台实施的教学活动,这是网络教学支撑环境的核心内容。

(6)文献资料

与教育相关的政策、制度、条例、数字图书、重要文章及重大事件记录等都属于文献资料的范畴。

(7)学习网站

学习网站指的是具有网络教学功能和提供相关服务的网站,从学科教学目标出发,运用 Web 技术对丰富的数字学习资源进行整合,并在学习网站中系统展示,以供学生参考。

(8)试题库

试题库是基于数学模型而开发的一种教育测评工具,它是在科学的教育测量理论指导下开发的,将某个学科的题目整合到计算机系统中,从而便于对学习者的测试。

(二)信息化教学资源开发的原则

1. 科学性原则

开发信息化教学资源要遵循科学性原则,杜绝低级趣味,在科学的基础上追求生动性和趣味性,具体要做到以下几点。

第一,在开发信息化教学资源的过程中,必须准确、规范地进行各个环节的操作。

第二,必须选用符合科学规律的材料、例证和逻辑推理。

第三,按照科学要求来表现真实的内容,包括图像、色彩、声音都要真实,不能以牺牲内容的真实性为代价而过分突出艳丽的色彩、生动的画面以及悦耳的声音。

2. 教育性原则

遵循教育性原则指的是要根据教育教学规律而开发信息化教学资源,具体要做到下列几点。

第一,教学资源要与学生的认知水平、学习规律相符。

第二,从教学需要出发,依照教学大纲要求而开发能够使教学需要得到满足的教学资源。

第三,呈现信息化教学资源的内容时,要做到简明扼要、条理清晰、重点突出。

第四,将教学内容用恰当的媒体元素呈现出来。

## 3. 技术性原则

开发者要熟练掌握现代教育技术和教学资源的开发技术,根据技术质量标准来开发信息化教学资源,具体要达到以下标准。

第一,音质好、色彩明朗、图像清晰。

第二,操作快捷。

第三,运行稳定、灵活。

第四,交互性强、容错性好。

第五,导航合理。

## 4. 开放性原则

开发信息化教学资源要充分贯彻开放性原则,开放性具体表现在下列三个方面。

(1)结构体系的开放性

开发的信息化教学资源要具有系统性、立体性,及时补充和完善教学资源,实现教学资源的开放与共享。

(2)资源内容的开放性

教学资源要能够满足学校教育和社会教育、正式教育和非正式教育的需要,要满足各种学习者的需要。

(3)开发人员的开放性

开发信息化教学资源的主体主要是教师,但不限于教师,学科专家、教育专家、教育学者、有经验的学习者以及愿意为教育事业做贡献的社会人士等都可以开发教学资源。

## 5. 艺术性原则

开发信息化教学资源还要遵循艺术性原则,具体要做到下列几点。

第一,资源内容力求反映生活中的真、善、美。

第二,构图清晰匀称、变换连贯。

第三,声音顿挫有致、避免噪声。

第四,光线与色彩明暗适度、调配恰当。

6. 经济性原则

开发信息化教学资源要坚持经济性原则,具体要求如下。
第一,制订周密的资源开发计划。
第二,争取以较少的资源投入开发出丰富多样的、高质量的资源。
第三,切忌盲目的重复开发,注意适当改造和充分利用现有资源,提高资源的循环利用率。

7. 创新性原则

开发信息化教学资源必须与时俱进,紧跟时代潮流。信息化教学资源开发的创新主要体现在开发理念、理论、内容、技术、模式以及形式等方面的创新中。

(三)信息化教学资源开发工具与技术

1. 多媒体素材开发工具

多媒体素材是指多媒体课件以及多媒体设计中用到的各种视觉、听觉的工具材料以及承载教学信息的基本单位,如文本、图形图像、视频、音频等。媒体素材开发工具见表6-2。

表6-2 多媒体素材开发工具[①]

| 类型 | 开发工具软件 |
| --- | --- |
| 文本素材 | 记事本 |
|  | 写字板 |
|  | Word |
|  | WPS |
| 图形图像 | Photoshop |
|  | Corel Draw |
|  | Fireworks |
|  | Snagit |

---

① 赵蔚,刘红霞. 现代教育技术[M]. 长春:东北师范大学出版社,2017:46.

续表

| 类型 | 开发工具软件 |
|---|---|
| 视频 | Adobe Premiere |
|  | Adobe After Effect |
|  | Ulead Media Studio |
| 音频 | Adobe Audition |
|  | Sound Forge |

2. 多媒体课件开发工具

多媒体课件的开发实际上就是有机组织多媒体素材的相关元素,并有效表述某一知识点。多媒体课件开发工具见表6-3。

表6-3 多媒体课件开发工具

| 类型 | 开发工具软件 |
|---|---|
| 演示文稿 | Power Point |
|  | WPS |
| 课件 | Flash |
|  | Authorware |
|  | Course Maker |
|  | 屏幕录像专家 |
| 动画 | Flash |
|  | 3ds Max |
|  | MAYA |

3. 网络课程开发技术

网络课程是通过网络表现教学内容和实施教学活动的综合性教学资源,网络课程建设中要建立学习资源库,设置导航和检索系统,还要提供支持学习的功能模块,实现教学交互以及对教学的管理。网络课程开发技术见表6-4。

表 6-4　网络课程开发技术

| 类型 | 开发工具软件 |
| --- | --- |
| 静态课程 | HTML |
| 动态课程 | ASP |
| | ASP.NET |
| | JSP |
| | PHP 数据库 |
| | 学习管理系统(Blackboard、Moodle、Sakai 等) |

(四)信息化教学资源的开发途径

随着信息技术的迅猛发展及其在教育教学中的广泛应用,师生对信息化教学资源的需求越来越大,要求也越来越高,信息化教学资源的开发自然越来越受重视。科学开发丰富的信息化教学资源,应该重点从下列几个方面着手。

1. 数字化改造教学资源

教师在长期的教学实践中保存了大量的信息化教学资源,如录音、图片、文稿、视频等,这些教学资源的教学价值较高,采用数字化方式来改造这些资源可以使其教育价值提升并得到更好的利用。例如,利用扫描仪等数码设备将文稿、图片转化为能够在计算机上加工的数据,然后在教学中加以利用,这样不仅节约了教育成本,也使有重要教育价值的教学资源得到了充分利用,发挥了其重要价值。

2. 建设教学资源库

对教学资源库的建设与充实要从以下几方面着手。

第一,对多媒体素材进行收集与整理,主要方式有扫描、网络共享、专业制作等。

第二,从教学需要出发,将教学研发工具或多媒体制作工具利用起来去编辑素材,加工整理,发挥教学资源的重要功能。

第三,各种类型的教学应用软件积累到一定程度时,要实行专人管理制度,对教学资源库进行管理与维护。

3. 注重开发网络课程

开发网络课程是信息化教学资源开发的重要途径,具体从以下几方面着手开发。

第一,开发网络教学平台、网络教学管理平台等支持网络课程实施的工具,为师生进行创造性的网络教学和网络学习以及管理者进行新模式下的教学管理提供便利。

第二,教师学习并掌握计算机网络教学设计技术,树立先进的教学理念,设计网络教学方案,在互联网环境下开展具有时代性和现实意义的线上教学活动。

第三,组建专业的团队来开发与建设网络课程,只有从专业角度录制、剪辑网络课程,并上传到信息化教学平台,实现资源共享,才能给师生带来最大的便利。

## 二、信息技术与课程整合下网络课程教学设计研究

网络课程是一种开放式的课程模式,与传统课程教学的封闭模式不同。作为信息技术与课程融合的产物,网络课程为提高教学质量和效果开辟了有效的手段和渠道。设计网络课程,必然要以网络为平台,以实现学生自主学习为主要目的。下面重点对网络课程教学设计的理论与操作展开研究。

(一)网络课程教学设计原则

网络教学有其自身的特征,有不同于传统教学的独特性,因此进行网络课程教学设计自然与传统课程教学设计有区别。在网络课程设计中,教师应遵循教育学原理和心理学原理,并依据传播理论进行创新设计,具体在设计中要贯彻以下几条重要原则。

1. 自主性原则

网络课程学习活动是在师生分离的情况下实施的,学生作为网络课

程学习的主体,主要学习形式是利用网络资源自学。所以,要重视学生的主体地位和作用,体现学生个性化学习的特点,给予学生自主学习的权利,发挥学生的首创精神,如提供灵活多样的检索方式、实现学习路径的自动选择和记录功能、设计供学生随堂使用的电子笔记本、让学生构建作品和进行自我评价等。

2. 交互性原则

在网络课程教学中,师生不会面对面互动,师生处于分离状态,在此前提下进行网络教学。为了方便师生交流,使师生互动的效果不亚于面对面互动,在网络课程教学设计中要将网络技术的功能和优势充分利用起来,对虚拟教学环境进行创设,营造良好的网络教学氛围,为师生进行线上交流和讨论问题提供良好的条件。

3. 开放性原则

随着现代信息科技的迅猛发展,尤其是信息存储技术、传输技术的发展与渗透,使得人人都能遨游于知识的海洋中,每个人身边都有巨大的知识库,这充分体现了网络资源的开放性。利用网络的开放性进行网络课程教学设计,为学生提供丰富的学习资料,从多个角度描述与解释学习内容,从而提高学生的拓展思维能力和分析能力。

4. 多媒体化原则

不同的学生因为个人学习习惯的不同,在获取信息的渠道方面也有所差异,有的学生喜欢通过听来获取自己需要的信息,我们将其称为听觉性的学生;有的学生喜欢通过观看图像、文字来获取和保留信息,我们称其为视觉性学习者;等等。随着现代网络课程中计算机技术的深入渗透,使网络课程中的学习内容具有图、文、声、像并茂的特征,这对提高知识信息的传播效率和效果具有重要意义。

在网络课程教学设计中,应该从学生的学习习惯、学习风格出发,以学习内容为中心,将知识信息以丰富的形式呈现与传播,使现代教学媒体的优势得到充分发挥,促进学生学习效率的提升和效果的改善。

## (二)网络课程教学平台的功能设计

网络课程教学平台的功能设计方案如下。

1. 软件结构设计

结构设计是网络课程设计的关键,包括功能结构设计和知识结构设计两个方面。

(1)功能结构设计

进行功能结构设计的原则是按照学习者的需求设计系统,可以自由无限级扩展,可以复用和更改,能够满足课程的需求。

(2)知识结构设计

知识结构设计要符合教学内容的层次体系,并有利于学生的自主学习活动。

2. 导航设计

学生是主动的探索者,是学习活动的主体,不同水平的学生选择不同的学习活动时,与学习活动对应的内容、进度、测试都是相适应的,因而要特别重视导航设计,使课程收缩自如,一般主要通过导航键、图文链接等方式实现导航。

3. 界面设计

界面设计要注重界面友好、交互性强、可控性强,其包括显示界面设计和操作界面设计两方面。

(1)显示界面设计

在显示界面设计中,首页设计是关键,建议采用上方目录、下方模块的结构设计,目录能显示课程的主要内容,使学生直观了解整个课程的结构,模块有利于学习者的个性化自主学习。

(2)操作界面设计

在操作界面的设计中,可采用简明直观的按钮来选择章节内容,按钮在学习内容的右边,方便学习者随时进入任一节学习。

### 4. 评价设计

教学评价和反馈是教学的重要环节，有利于强化学生的学习效果。在评价设计中，主要包括学习态度、学习能力和学习成绩的评价。针对不同评价方式提供不同反馈方式，对于客观题，由系统自动评分反馈；对于主观题，采取集体讨论的方式评判。

### 5. 交互设计

交互设计直接影响学习者对网络课程的利用。在网络课程教学设计中，多处加入交互功能，便于学生相互讨论、交流经验，在学习中创造协作环境，各抒己见，共同提高。利用交互功能，学生还可以向教师或专家咨询，获取帮助。

### (三)网络课程教学设计的注意事项

在网络课程教学设计中，为保证设计的科学性和实用性，要对以下几方面的问题加以注意。

#### 1. 注重教育理论的科学指导

传统课程教学中，师生面对面互动，教师可以根据实际情况实时调整教学过程。在网络课程教学中，师生分离，教师难以根据学生的学习情况第一时间调整教学活动。为了弥补网络课程教学这一不足，防止不断出现意外情况，在网络课程教学设计中要遵循现代教育理论的科学指导，使课程设计与学生的特征、需要高度符合。

在网络课程教学设计中，建构主义学习理论、认知主义学习理论、行为主义学习理论等都是非常值得参照的现代教育理论，这些理论的不断发展与成熟对网络课程教学设计与实践起到了重要作用，除了参考这些教育理论外，在教学设计中引进心理学领域的新观念也是非常有必要的，这对完善教学设计具有重要意义。

#### 2. 按照网络课程的特点进行设计

随着现代远程教育的不断发展，网络课程作为一种新的课程形式在高校教育中渐渐得到普及与推广。网络课程的特点是以网络为教学媒体，教学活动中以呈现学习内容为主。

有学者指出，任何学科的教学过程的结构要素都可以概括为六个方面，分别是教学目标、教学内容、教学媒体、教学方法、社会文化的先决条件（多指社会意识形态、政策、环境等）以及个体的先决条件（多指学生的个人情况）等。不管是传统课程还是网络课程，在教学过程中涉及的内在结构要素不外乎就是这几个方面，但传统课程与网络课程毕竟是两种不同的课程形式，它们的结构因素也存在本质上的区别，课程设计者着手网络课程教学设计时，必须按照网络的特征去设计，发挥网络的优势，体现各个结构要素的网络化特征。

3. 清楚学习者的特点和需要

网络课程教学在培养学生综合素质方面具有重要作用。在网络课程教学中，学生作为学习主体利用网络资源进行自主学习，这是主要的学习方式。认知心理学理论指出，简单地从外界接收知识并不意味着就获得了知识，面对复杂的外界知识时，学生若能够自主选择信息，主动理解信息，才能实现意义学习，才能真正获得知识。学生的认知结构是其进行意义学习的基础，学生先获得的知识会影响其之后对其他外界知识的学习与获得。从这一原理来看，在网络课程教学设计中，教师对学生学习特征、学习需要进行分析非常必要。

教师必须基于对学习者特征与需要的了解来设计网络课程教学，网络课程的教学起点应该放在学习者原有的知识水平和认知结构上，在此基础上考虑网络知识结构与学生认知结构是否协调、适应，从而保证学生更好地接收与理解新知识，完善原有的认知结构，并在获得新知识的同时建立新的认知结构。

总之，在网络课程教学设计中，必须从学生的学习特征、学习需要出发对课程内容、学习活动、学习评价方式进行设计与确定，从而更好地保证学生通过自主学习而顺利达到学习目标。

4. 多方合作

网络课程的教学过程主要包括设计和开发学习资源、学习支持这两个阶段。其中，设计与开发学习资源需要多方合作才能实现。在这一阶段,设计者要先全面了解学生的学习特点、学习需要,然后科学合理地设计学习内容,并邀请经验丰富的优秀教师筛选学习内容。在现有网络环境下,教师设计的网络课程能否顺利实施,选择的媒体能否充分发挥预期作用,课程开发的成本是否在预算范围内,等等,这些都需要相关专家的参与才能达到令人满意的效果。可见,在网络课程教学设计中必须重视多方合作,发挥有关领域专业人士的积极作用。

## 三、信息技术与课程整合的发展与创新

### (一)现代信息技术与教师教育深度融合的创新

要促进现代信息技术与教师教育的深度融合,必须实现教育教学模式的改革与创新。我们应该利用信息技术整合资源,在服务前后开发一种集成和连接的教育模式,使每种类型的教师都能进行最有效的持续学习。一方面,是"4+2"教师教育的衔接,即对免费师范生就业后的前4年和后2年进行本科和研究生培养的衔接教育。基于互联网的华达云教室和云资源为这种互联教育提供了更有效的支持。另一方面,它是免费师范生培训与在职中小学教师培训之间的联系。

传统的教学模式以教师为中心,以教学为导向,忽视学生学习风格、兴趣、能力和创新思维的个体差异。基于学习的多维一体化教学模式主要利用信息技术关注学生的自主学习和个性差异。这种教学模式的核心是以学生的学习为中心,为学生的自主学习提供个性化服务。

### (二)寻找有利于信息技术切入的知识点

信息技术与课程整合,不是简单在教学中使用信息技术,而应从教学中有利于信息技术切入的知识点着手来进行。在教学过程中,信息技术可切入的知识点较多,教师运用现代信息技术完成对这些知识点的揭示、阐述、归纳、总结等教学工作,实施有效教学,提升教学效率。

### (三)利用信息技术提供实践学习环境,培养学生感知力

有些教学内容由于受到条件的限制,不可能或没必要让学生亲临其

# 第六章　教育信息化的重要创新之信息技术与课程整合

境。但运用信息技术,可以呈现一个类似真实的或者虚拟的学习环境,让学生身临其境,从中体验,学会在环境中积极、主动地建构学习经验。运用模拟教学课件或计算机外接传感器来演示某些实验现象,向学生展示教学过程和方法,帮助学生理解学科知识和掌握学科技能。通过模拟实践可以使学生尽快把握动作要领,并通过自身的模拟操作而掌握动作要领。

### (四)运用情境因势利导,激发学生学习兴趣

学生对课程的兴趣、态度很大程度上决定了课程教学能否顺利开展以及最终的效果。将课程教学与信息技术融合起来,创设信息化教学情境,能够激发学生的学习兴趣,吸引学生的注意力,当学生产生好奇心和求知欲后,教师因势利导,在恰当的时机提出学习问题,让学生在信息化教学条件下思考问题,积极讨论和解决问题。

### (五)培养学生自主探究学习的意识与能力

课程与信息技术的融合为学生自主学习创造了良好的较为自由和宽松的学习平台与环境。教师根据学生的实际情况而对教学媒体进行选择,并以恰当的信息化形式给学生呈现和传授教学内容,学生在教师的指导和帮助下,在宽松而自由的学习环境中自主学习,学会检索信息,加工信息,吸收和应用信息,从而将有价值的信息运用到学习问题的解决中。这有助于培养学生的独立自主能力、自主学习能力以及探究和实践能力。

### (六)培养学生协作学习的意识

协作学习与探究不仅能够使学生掌握知识和技能,还能对学生的协作能力与社会适应能力进行培养。协作学习有多种形式,如分工解决同一问题,在专题学习论坛进行讨论等,学生各自发表见解,发挥自己的优势,同时听取别人的观点,不仅可以进一步深入理解问题,高效解决问题,还能提升高级认知能力,形成良好的人际关系。

### (七)"英特尔未来教育"促进信息技术与课程整合

"英特尔未来教育"的教学模式不仅是在"电子黑板"和"电子算盘"

的层次上,而且注重"创新与探索",培养学生自主学习和大胆探索的能力。

　　随着计算机技术的快速发展和对教育领域的不断渗透,"一对一"备课和教学方法已经过时。制作一个小时的课件通常需要五到六个小时。如果这些图像也是由教师自己制作的,那将更加耗时。"资源共享"网络形成后,每位教师的课件都可以上传,师生可以方便地在线选择自己的共享资源。在尊重知识产权的前提下,借鉴他人的研究成果可以事半功倍。"英特尔未来教育"可以促进教师在教学过程中实现合作学习、结对交流和研究项目,这一新的教学理念为信息技术与课程整合提供了良好的条件。

# 第七章 教育信息化的重要创新之翻转课堂与移动学习

近年来,随着信息技术的飞速发展,产生了全新的学习模式——翻转课堂与移动学习。翻转课堂和移动学习在教育领域有着十分广阔的应用前景,目前其应用已成为教育领域中人们探讨的重要课题。

## 第一节 翻转课堂的概况

### 一、翻转课堂的内涵

翻转课堂一般被理解为课前、课堂学习任务和教学状态的改变,课前从自由安排时间转变为自主学习教学内容,课堂从教师讲授转变为学生讨论、分享观点和师生共同总结。翻转课堂模式的意义是提高学生学习的高度和深度。翻转课堂的特征是改变课前、课堂的时间安排和活动组织形式。翻转课堂的内涵是少教多学,充分利用课前学习时间完成基础知识的吸收理解,提高课堂效率,鼓励学生沟通交流,促进知识主动建构内化和问题及时发现解决。

在实施翻转课堂模式教学前,借助信息技术将基础、重要的学习内容转换为视频讲解录制的形式,并且将其发送传递给学生,视频长度一般控制在二十分钟以内,这种视频被称为"微视频"。与传统的教学模式相比,在课前学生自主学习"微视频"中的基础知识和重点内容,提高学生学习主动性;在课上教师讲授的时间减少,更多的时间留给学生自由讨论和分组交流,增强师生、生生之间的互动性。因此,"微视频"是保证翻转课堂有效性的重要前提。

## 二、翻转课堂教学模型

### (一)罗伯特·陶伯特的翻转课堂模型

罗伯特·陶伯特的翻转课堂教学模型是其在总结自身十多年教学经验的基础上提出的,该模型指出了翻转课堂教学的主要程序,具有一定的系统性,如图7-1所示。

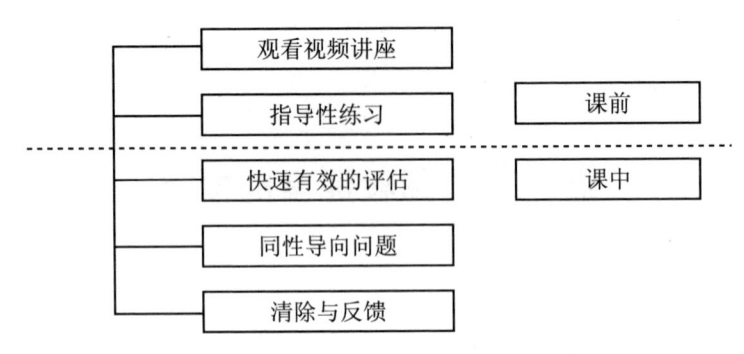

图 7-1　罗伯特·陶伯特的翻转课堂模型

罗伯特·陶伯特的翻转课堂模型将翻转课堂教学划分为两个阶段,一个是课前学习阶段,一个是课中学习阶段。

1. 课前学习阶段

学生在课前观看教师提供的教学视频,然后有针对性地做一些练习性作业。

2. 课中学习阶段

在翻转课堂上,教师通过一定形式的测验来考查学生对新知识的掌握情况,然后集中解决学生普遍存在的复杂问题,从而使学生更好地实现知识的内化。

第七章 教育信息化的重要创新之翻转课堂与移动学习 | 153

对于可操作性强的理科类课程,可采用这种翻转课堂教学模型,该模型还需进一步改进与完善才能适用于具有发散性特征的文科课程。

(二)杰姬·格斯丁的翻转课堂模型

杰姬·格斯丁提出的翻转课堂教学模型是一个环形的四阶段模型,四阶段分别是体验参与、概念探究、意义建构和展示应用,如图 7-2 所示。

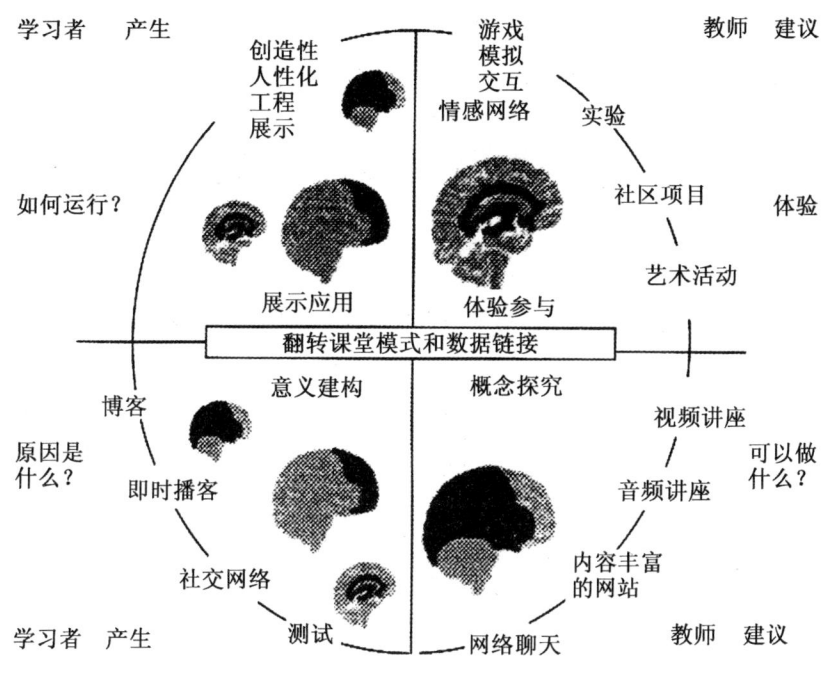

图 7-2 杰姬·格斯丁的翻转课堂模型

1. 体验参与

参与性学习是第一步,学习方式有同步实验、同步实践、游戏参与等。

2. 概念探究

学生对相关概念深层意义的探索主要通过阅读博文、观看微视频和参与学习讨论等方式实现。

3. 意义建构

学生对新知识的意义建构采取的方式主要有完成测验、创作博客等。

4. 展示应用

最后这个阶段一般以具有创造性的演讲活动或项目活动来完成学习成果的展示和应用。

在要求学生具有较好发散性思维的课程教学中比较适合采用这种翻转课堂模型。采用该模型能够使学生的主观能动性和个性得到充分发挥,对学生的创造性思维进行培养。

这一翻转课堂模型的缺陷在于对学生学习的主体地位过分强调,忽视了教师的引导和辅助作用,学生会因为得不到有效的引导而偏离正确的学习轨道,造成学习的盲目与低效率。

(三)钟晓流的翻转课堂模型

钟晓流教授提出的翻转课堂模型是太极环式的模型,如图 7-3 所示,这是他基于自身对翻转课堂的理解而设计的教学模型。[1]

上述翻转课堂模型忽视了教师的作用,而对学生的主体作用过分强调,钟晓流教授为了避免这个问题,对教师的"教"给予了一定的重视。这一翻转课堂模型强调在学生的学习过程中,教师作为组织者、参与者和引导者所发挥的重要作用,强调学生在课堂上的主体地位。

该模型将翻转课堂教学分为两部分:一是课上部分;一是课下部分。具体又分为四个环节,分别是教学准备、记忆理解、应用分析、综合评价。但这个模型中并没有真正合理安排教与学的部分,教的部分相对较少,而且没有提到课程开发和课后交流,有待进一步改进。

(四)张金磊的翻转课堂模型

张金磊将罗伯特·陶伯特的翻转课堂模型作为参考,以翻转课堂理论、教学设计理论和建构主义理论为依据,对全新的翻转课堂教学模型

---

[1] 钟晓流. 多媒体教学环境的设计与评价[J]. 现代教育技术,2010,20(06):5—10.

第七章 教育信息化的重要创新之翻转课堂与移动学习 | 155

进行了构建,全新的翻转课堂模型主要包括两个过程:一是课前知识学习;二是课堂学习活动,①如图 7-4 所示。

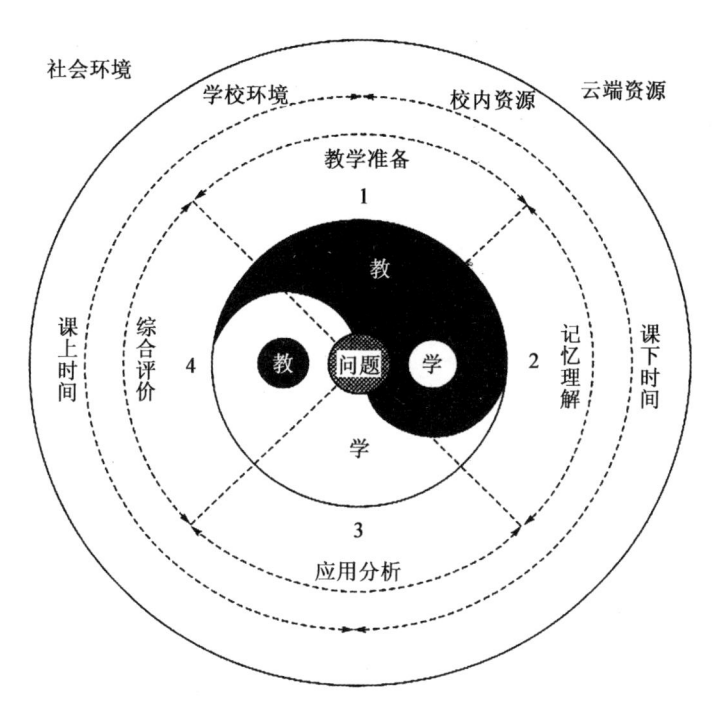

图 7-3 钟晓流的翻转课堂模型

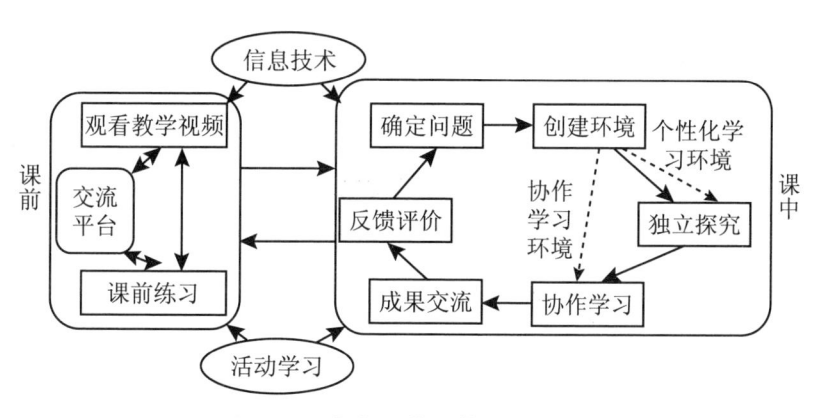

图 7-4 张金磊的翻转课堂模型

---

① 张金磊."翻转课堂"教学模式的关键因素探析[J]. 中国远程教育,2013(10):59—64.

在课前和课堂两个学习环节中,信息技术手段发挥了重要的作用,在信息化学习过程中形成了个性化协作式环境。翻转课堂教学的顺利实施既需要信息技术的支持,也离不开学习活动的开展。

这个模型对翻转课堂实施的过程进行了详细论述,可操作性强,具有重要的指导作用。但它的问题在于只提到课前和课中两个学习环节,忽视了课后学习,也没有详细论述如何开发针对新知识和要解决的问题的练习。

### (五)曾贞的"反转"教学模型

曾贞设计的"反转"教学模型如图7-5所示,该模型主要包括以下三个重要步骤。①

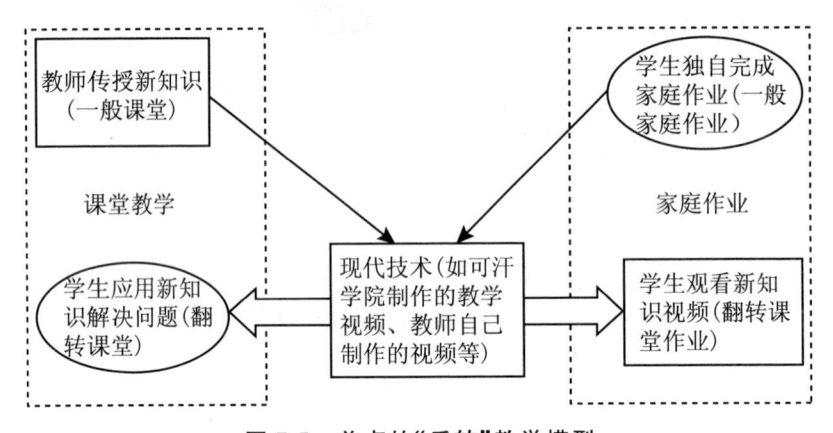

图7-5 曾贞的"反转"教学模型

1. 预备学习

观看教学视频,提出要解决的问题并进行简单讨论。

2. 深入学习

根据问题寻找答案的深层学习。

---

① 曾贞. 反转教学的特征、实践及问题[J]. 中国电化教育,2012(07):114—117.

3. 新知识的应用学习

应用新知识以完成知识的内化。

参考该模型进行翻转课堂教学,教师能够从实际教学情况出发灵活调整教学过程。但该模型没有从书面上详细论述以上三个关键步骤,所以可操作性不强,实际操作中容易偏离正确的轨道,而且也没有涉及对适合翻转课堂的课程进行开发设计的问题,还需要进一步细化与改进。

(六)适用于文科与理科的翻转课堂模型

有关学者参考上述模型,并基于自己的理解与经验而进一步改进与完善翻转课堂教学模型,对能够在文科课程与理科课程教学中通用的翻转课堂模型进行了构建。该模型包括三个部分:一是课程开发;二是课前知识传递;三是课堂知识内化。

该模型强调,在翻转课堂教学中为有效传递信息、顺利开展学习活动以及创设良好的协作学习环境,需要充分运用网络交流工具、网络教学系统以及移动终端等信息化手段。

## 三、翻转课堂教学过程

课前环节:教师需要提前制作教学视频,设计课前自主学习任务清单,并且上传到教学平台,学生则根据教师发布的任务清单对教学视频进行自主学习。

课中环节:教师先解答学生在课前学习中遇到的问题,然后组织形式多样的课堂活动来完成课堂操练,学生分组学习,形成师生、生生互动,配合老师完成操练。

课后环节:教师对教学视频以及课堂活动的设置进行自我反思和总结,优化教学资源,学生对所学知识进行梳理的同时,及时向教师反馈,提出合理的建议。

## 第二节　翻转课堂的效果分析

翻转课堂对于学习者知识的掌握和教师能力的提升都有较大的影响力。

### 一、提升课堂时间价值

在翻转课堂学习过程中，学习者在课下，跟随教师讲课视频学习，记录笔记，不理解的部分反复听，还可以借助补充资料查缺补漏、拓展学习内容。所以，学习者在进入课堂前已经基本掌握了课程内容，对于自己在课程视频中没听懂的地方了然于心，课堂提问、回答问题和研讨，也更加有的放矢，课堂中比较注重解决课程中的疑难问题、巩固课程知识。或者加强课程知识的应用，课堂效率大大提升。

### 二、实现个性化学习

在翻转课堂中，学生的主体地位再次被强调，学生在学习过程中学习进度基本由自己掌控，自己安排学习节奏，整体比较轻松自在，不需要像在传统集体课堂教学中那样担心没有听清某个内容而时刻高度紧绷神经。在翻转课堂教学中，学生的学习时间、空间都比较自由，没有统一的要求和严格的限制，不管在家里，还是在宿舍，或者在自习室，都可以进行线上学习，学习环境比较自在，学习状态较为轻松。在线上学习中，学生可以自己控制音量、调整播放倍速，或者拖拉进度条，可以根据自己的学习情况直接跳过一些已经滚瓜烂熟的知识，同时也要反复听、看比较复杂的学习内容，在关键地方按暂停键，暂停后利用这个时间做好笔记，认真思考，或查找资料来帮助自己理解和消化知识，在这个过程中，学生是主动建构知识的主体，能够获得更多的知识收获。

此外,在翻转课堂教学中,学生主动提问的意识更强,积极性更高,可以向老师提问,也可以与同学讨论、交流,这样愉悦的教学氛围能够使学生作为学习主体真正参与到教学活动中,从而提高教学的有效性,真正解决学生的问题。

### 三、使学习中互动更频繁

课堂互动频繁是翻转课堂教学最主要的特点之一,也是其得以发展的一大优势,频繁的互动在师生之间和生生之间都能体现出来。

在翻转课堂教学中,教师摆脱了传统课堂教学模式中作为讲授者和灌输者的角色,而是作为学生学习的指导者发挥指导作用,这样一来,教师就不必花大量的时间去讲授教学内容,而要将主要精力放在与学生的互动上,为学生答疑解惑,解决他们学习中的问题。学生小组在合作学习中也需要教师参与互动,对小组学习进行指导。为提高课堂指导效率,教师可以记录不同学生提出的问题,对于普遍性的问题,可以集中解答,对于个别性的问题,以个别指导为主,或者组织小组学习互助活动,让学习水平较高的学生为学习进度较慢的学生解答疑惑,这样可以促进同学之间的互动和交流,建立深厚的同学友谊,使课堂氛围更融洽。另外,教师也可以开设小型讲座来专门为有相同疑惑的学生答疑,这样可以帮助学生尽早解决问题,开始下一步的学习。

此外,教师用更多的时间为学生答疑解惑时,也能在课堂上对学生之间的沟通、交流、小组学习过程进行观察。学习小组的划分一般是教师精心安排的,或者是学生自愿组成的,学习小组的学习氛围一般是非常活跃、融洽的,既有平等的交流,也有激烈的争论,教师通过观察便能发现这种学习方式对学生来说何其重要,对提高课堂教学效果来说何其有效,这样教师便会对学生充满信心。

当学生意识到自己作为学习主体的角色和地位被教师重视,而且学习小组的合作学习成效得到教师的认可时,便会深刻地察觉到教师已不再是原来下达指令、灌输知识的"喂食者",而是引导他们学习的重要人物,是不可缺少的指导者。教师为学生答疑解惑时,用平和的语气和民主的方式,使学生感到平等、亲切,这样学生便能丢掉教师的刻板印象,积极主动地询问教师,与教师探讨问题,甚至对教师的解答提出合理质疑，师生在融洽的氛围中保持互动，解决学习上的问题，能够更好地促进学习任务的完成和学习目标的实现。学生不会认为完成学习任务是一个艰难的过程，反而会因与教师、同学的互动而感到轻松，从这个角度来看，翻转课堂教学过程显得更有意义，无论对教师还是对学生，都是很难忘的。

### 四、提升教师的业务能力

翻转课堂教学对提升教师的业务能力具有重要意义，具体体现在以下几个方面。

第一，为了更好地开展翻转课堂教学，课程组教师要集体备课，集体完成教学过程的设计，尤其是要设计好教学内容，录制课程视频，在这个过程中课程组的教师可以相互学习，相互交流经验，提高翻转课堂教学设计能力。

第二，教师要以学生为中心完成学案的编写，这有助于促进教师教学理念的更新和学案编写能力的提升。

第三，教师对翻转课堂教学的设计需要具备知识重构的能力，同时还要提升信息化素养，从而基于单元知识点去制作直观生动、准确精练的教学视频。

第四，在翻转课堂教学中，教师作为指导者和引导者要具备良好的实践指导能力和课堂管理能力，因而随着翻转课堂教学的实施与深入，教师这些方面的能力也能得到相应的提升。

## 第三节　反思翻转课堂

### 一、个性化教学

在传统课堂教学中，教师布置学习任务，学生按教师的节奏被动学习，完成教师布置的任务。在翻转课堂教学中，学生是主动获取知识的,学生在个性化的教学氛围中主动建构知识,掌握知识,当然有时也离不开教师的指导和援助,但教师更多的是指引,而非直接讲解知识。

## 二、为学生提供补习的机会

并不是所有学生都能在第一次尝试时就能证明自己掌握了课程目标。如果学生第一次没有学明白,后面会发生什么呢?在传统课堂上,教学进度会依然向前推进,不管学生到底听懂或是没听懂。课堂的推进节奏由老师决定,根据某日应该教授的课程材料来安排。在这种模式下,有些学生越来越落后,他们的成绩很差,而且会因为学得慢而成绩差。在翻转课堂中,我们会给他们足够的机会去重新学习,加以补习。

通常而言,在进行每个单元的学习时,都会有学生因某些特别的学习目标而受挫。教师会确认哪些学生有类似的问题,然后和他们一起组成小组,再做一次简短的补习课。据有些学生反映,这样的特别关注是他们学习中最美妙的体验。学生参加单元测验的时候,肯定会有人成绩不理想。这些学生会单独与老师沟通,找出最好的补习方法。教师注意到这些学生要么是没能把各个知识点联系起来,要么是没能掌握关键的概念。一旦这些问题都理清了,学生就可以继续学习下面的课程了。

## 三、给予学生充分的选择权

教师反思过去评价学生的方式后,发现一个统一的检测标准并不适合所有人。通过与学生进行讨论,给了他们几种可供选择的方式来证明自己对课程目标的理解。现在教师允许学生选择多种证明自己掌握了课程目标的方式,包括总结性单元评估、口头讨论、详细的幻灯片展示、简短的视频陈述、用文章形式证明自己已经掌握了课程目标、其他由学生开发出来的方法。

## 第四节　翻转课堂在实践中的问题分析

### 一、现代化教学媒介的局限

信息技术的发展为翻转课堂的应运而生提供了契机和保障，媒介的内涵要大于媒体，但翻转课堂对媒介及其素养的界定实际上拘泥于媒体范畴之内，这反映了对现代化教学媒介认知的局限。

### 二、学习方式翻转的局限

翻转课堂的最大特点在于其对传统的课堂教学结构进行了大胆突破，即"课上"与"课下"活动的互换。学生在课堂上的学习广度、深度都发生了深刻转变，不仅具有更多时间针对性地解决课前学习中的疑惑，"以学定教"，而且可以在课堂上有更多的时间与教师进行深层次的交流与互动。但当前面临的现实问题是我国的升学压力，显然，占据学生及教师过多时间是不现实的，其可行性程度低就显而易见了。

### 三、师生互动拓深的局限

对于翻转课堂，学生在课前已经观看了教师所要讲授内容的授课视频及课件，传统课堂的主体部分已经在课前完成，这为师生更深层次的互动与交流留下了时间。但在许多翻转课堂实例中，学生在课前由于没有充分观看视频，许多教师在课堂上不得不重新播放视频，教师承担了视频播放者的角色，原本可以自己讲授的内容却要通过视频播放的方式呈现。这样比较起来，反而是传统课堂模式中教师一支粉笔的教学方式与学生面对面的互动更为充分。

### 四、教育目的延展的局限

翻转课堂的一系列举措，诸如多媒体技术的制作与使用、课上课下时间的翻转、课堂教学模式的探新等，其教育目的和立意都更为深远。但是，这一系列对传统课堂的改革和翻转措施在其现实可行性上局限性明显，这就必然影响翻转课堂更深远、更全面的教育目的的实现。

## 第五节 移动学习应用研究

### 一、移动学习的概念与内涵

移动学习尚属一个新兴的研究领域，在国外，一般以 M-Learning 或 M-Education 为名，在国内，也有人将移动学习称为"移动教育"。一般认为：移动学习就是借助移动技术和移动设备来实现随时随地学习的一种新型学习方式。具体来看，可以从"移动"和"学习"这两个方面来理解移动学习的内涵。

一方面，移动学习在形式上表现为移动性，即利用移动设备和移动通信技术来实现资源的共享及教学的交互，可以实现随时随地学习，其学习情境是移动的。

另一方面，移动学习是一种新型的学习方式，这个"新"字不仅体现在新技术、新形式上，还体现在它对传统学习有一种革新的作用，使学习的含义有了极大的扩展，包括学习条件、学习过程、学习发生的机制等都体现出新的特征和新的内涵。

## 二、移动学习在中小学教育中的应用

中小学校覆盖了基础教育及高中教育,是儿童和青少年受教育的主要阶段,国外与此阶段基本对应的是 K12 教育,即 5~6 岁至 17~18 岁这个年龄阶段所接受的正规教育。这个阶段的学习者处于自主学习能力养成阶段,随着年龄的增长会逐渐具备一定的自我学习能力。在此阶段,学习内容基本按学科划分,涉及语文、数学、外语、物理、化学、科学等科目。与此相对,移动学习应用也呈现出一定的学科特点,主要是针对学科内容进行的设置。

由于中小学阶段的学习者尚属于未成年人,在一定程度上受家长与教师的管控,因此,学习者使用移动设备的情况对移动学习成效有较大的影响。在学校教室的学习场景中,只有少部分的学习者在整个学习过程中都带着智能手机。使用移动设备对学习者学科知识的学习,以及对学习潜力的激发都有积极作用。

在国内,手机进课堂依旧是对教师的挑战,虽然已经有不少学校加入了"电子书包"项目的试点,但仍有很多教师还在担心"手机对课堂秩序的破坏"这一问题。随着使用个人设备办公(Bring Your Own Device, BYOD)观念的普及,会有更多的人关注这一实践教学方式,并通过政策、组织和引导等手段消除其不良影响,发挥移动设备在课堂上使用的积极作用。

### (一)诺亚舟"掌上思维英语"与英语教学

诺亚舟是一家专门致力于教育产品研究与开发的高科技公司,以"诺亚舟"掌上电脑系列为主打产品。"掌上思维英语"是诺亚舟公司推出的专门用于提供中小学英语移动学习教育资源的教育类电子产品及移动学习软件。掌上思维英语由诺亚舟教育研究院与北京师范大学联合研发。

"掌上思维英语"系列产品包括小学和中学两个套装产品,分别由基础篇、进阶篇和提高篇组成,是集多媒体交互式学习、移动学习和在线学习为一体的学习解决方案。"掌上思维英语"建立了平板电脑与在线平台的同步关系,学习者在学习本套资源的过程中如果遇到困难可以随时登录该平台和老师及同学交流。网络平台为学习者提供了一个相互交流的场所,让学习者能够少走弯路,迅速掌握更有效、更适合自己的学习方法。

"掌上思维英语"是移动学习在英语教育领域内的应用成果。学习者不仅可以利用诺亚舟学习机随时随地学习掌上思维英语,还能够在老师、家长的指导下完成课程中的各项学习活动,既有课堂活动,也有课间和家庭中的协作学习、趣味活动等。另外,该软件在教学内容安排上具有系统性和连续性,贯穿中小学各册和各个单元,方便学习者循序渐进地学习和使用。

(二)珠海国际学校使用 iPad 进行教学的案例

珠海国际学校(ZIS)成立于 2007 年,是一所获得国际文凭认证(IB)的国际化学校,为珠海提供优质的教育服务。该校的国际教师来自英语为母语的国家,主要用英语授课,并且在教育信息技术的应用方面走在前沿。iPad 在 ZIS 使用的场景之一就是作为学生表达自己思想的工具。iPad 上有一些功能突出、使用方便的优秀应用可供用户创造和表达思想。例如,让学生表达"系统"这个概念的教学过程如图 7-6 所示。

在以上案例中采用 iPad 而非纸和笔作为教学工具,体现出它的独特优势,这是一种有效的自我表达工具,有利于学习者潜力的发挥。除此以外,平板电脑的使用还有利于学习过程和结果的可视化。在珠海国际学校,每名学生都有博客,对于年幼的学生,由教师保留他们的数字化作品,教师、家长和学生可以通过这些作品回顾具体的学习任务和学习成果,并且能够看到学生在长期学习过程中的进步。例如,一位教师展示了一名五年级学生记录自己学习任务的博客,记录了她帮助和辅导一名一年级学生的过程,而另一名四年级的学生则记录了自己体操训练和表演的照片。珠海国际学校的教师认为,通过这样的工具支持,学生可以看到自己做得怎么样,并决定如何改善自己的学习活动。

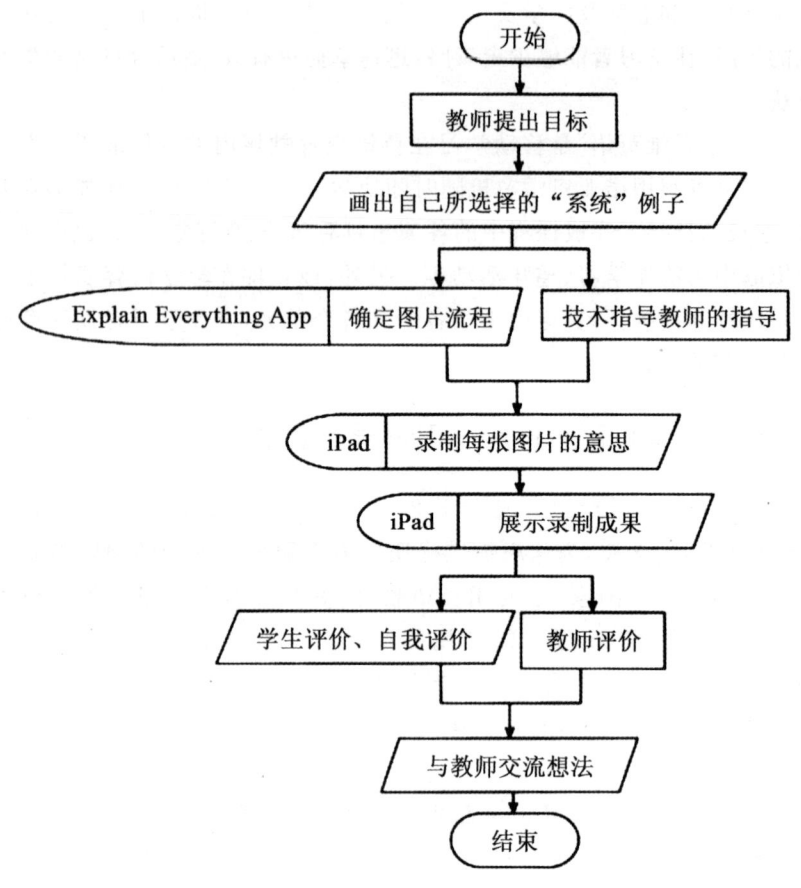

图 7-6 "系统"案例的教学流程图

## 四、移动学习在高等教育中的应用

方便、灵活、互动性强等特点使移动学习吸引了越来越多的学习者和教师参与其中。2010 年以来,大学生对移动技术的使用显著增加。大学生普遍随身携带智能手机和平板电脑之类的电子设备用于学习。他们认可移动设备对自己的学术研究的重要性。而且,越来越多的学习者认为,他们迫切需要提升通过移动设备获取资源的能力。实际上,学习者使用智能手机与平板电脑完成任务的比例中有 67% 都是出于学术研究的目的。可见,移动技术在大学生的学习和研究中发挥着重要的作用。

　　智能手机、平板电脑或者电子阅读器等移动设备接入互联网以后，学习者不仅可以高速获得信息，而且可以实现与其他人之间的交互。另外，学习者利用移动设备上的应用不仅可以获取知识，而且可以发现并创造知识。因此，学习者将智能设备或者平板设备作为进行社会化交流或者学习的优选工具，移动学习成为可以快速支持教学、学习和丰富校园生活的有效手段。

# 第八章　教育信息化的重要创新之智慧教育研究

智慧教育的源起可追溯至我国著名学者钱学森(1994)所提出的"大成智慧学"。"大成智慧"的实质与核心是"必集大成,才能得智慧!"进而,在以信息革命为先导的第五次产业革命的浪潮中,我们的教育应办成什么样的才好呢?钱学森说:应办成大成智慧教育。2008年,时任IBM首席执行官的彭明盛(S. J. Palmisano)在所做的报告《智慧地球:下一代领导议程》中首次提出了智慧地球(Smarter Planet)的概念,成为推进"智慧教育"最为直接、最具影响力的国际事件。此后,"智慧"的理念已逐步融入各个领域。"智慧城市""智慧医疗""智慧交通""智慧教育"等迅速被人们所熟知。在"智慧"无处不在的大背景下,智慧教育破茧而出。

## 第一节　智慧教育概述

当前,国家大力支持智慧教育的创新发展,推进智慧教育的建设。随着人工智能逐渐走进人们的视野,学生可以在AI人工智能课堂上体验个性化和沉浸式的教学体验,同时提高教育质量和效率。

### 一、智慧教育的定义

自2008年IBM提出"智慧地球"的概念之后,"智慧+行业"的代名词层出不穷,"智慧教育"的概念也应运而生。如果用百度百科搜索,就会发现智慧教育就相当于教育信息化。教育信息化是一个很大的概念,它还包括教务平台管理、教学硬件设备和线上教学系统等。

智慧教育以云计算、物联网和大数据等技术为基础,构建无线校园网络基础设施,为学校提供教育云等智能教学平台,能够助力各种校园智能场景的应用和落地。

智慧教育基于语音交互、图像识别和VR等多项技术,目的是更好地实现人机交互的教学体验,用更低的师资力量获得更高的教育效果,打造一个智慧便捷、统筹集约和精细管理的校园。

## 二、智慧教育的特征

信息技术的发展,为智慧教育的开展模式提供了多样的可能性。结合现代教育实际发展情况,将资源向教育中心偏移,深入教育改革和实现教育的智慧化,从而得出了以下几点智慧教育的特征。

### (一)技术特征

通过物联网或人工智能等技术,实现对教育资源信息化的智能管理,根据具体数据为用户提供服务,实现人与网络的完美对接。

### (二)教育资源互联互通、共同分享

可根据实际需求,在全球信息化的背景下,快速获得大量的优质教学资源,拓展教学内容,实现动态灵活的教学课堂。

信息技术与学科教学深度融合,教学打破了时空界限。通过移动学习终端,学生可以随时随地展开学习,与教师交流也更加快捷。

### (三)基于大数据的科学分析与评价

智慧教育能够随时收集、统计和智能分析学生的学习状态和信息,有利于辅助教师进行教学决策。

## （四）课堂互动更加自然、高效

VR或者AR技术为教学提供了更加高效自然的教学环境，实现了人与资源、设备、技术和环境的多维度互动。

## （五）智能化管理

智慧教育注重的是能力的培养过程，目的是教会学生理智地去思考和解决问题，教育的核心是让学生全面发展。从这些特征来看，智慧教育实现了人与人、人与物之间的统筹发展，实现了教育资源的智能化管理。

## 三、智慧教育的趋势

智慧教育所蕴含的价值底蕴是十分强大的，可以从学生、教师和市场发展这三个方面来进行详细叙述。

学生：对于学生的思维发展起着至关重要的促进作用。

教师：要求教师引导学生向"智慧学生"的方向发展。

市场：有利于促进教育基础设施建设向信息化方向发展。

教育的目的在于为国家和社会培养出一个个智者，那就要求学生在处理问题时融会贯通。当遇到专业化水准的问题时，大脑思维也可以灵活变通。

智慧教育将重心放在学生的成长和发展上，而不是一味地灌输教材内容，使学生在这种教育理念中塑造良好的自身形象，这也是未来智慧教育的发展趋势。从市场形势来看，智慧教育向着更多高科技技术方面发展。但是，从市场分布来看，目前智慧教育主要集中在城市地区，尤其是一线和二线城市。这些城市相对来说，科技发展更快，市场竞争也较为激烈。

智慧教育的发展应该是一个全面化的过程。由于农村地区技术或资源等问题的限制，农村市场尚未完全打开。但是农村市场已基本具备智慧教育的服务能力和基础设施，并且可以作为市场长期发展的关键点和业务增长点。

## 第二节 智慧校园与智慧图书馆

### 一、智慧校园

(一)智慧校园平台

智慧校园是在智慧教育和人工智能环境下实现教育跨越式发展的必然结果。下面主要介绍两大智慧校园平台。

1. 腾讯创造未来

为助力校园升级,腾讯结合多资源平台,打造了 AI 教学、高校教育和 K12 教育等智能教学环境,如图 8-1 所示。

腾讯智慧教育全景

AI教学
在教、学、考、管、营销等教学全流程中,基于AI技术提供课堂质量分析、智能阅卷与作业批改、口语评测等产品
● 教学辅助
● 考试评测
● 内容管控
● 营销招生

高校教育
校企合作,提供课程内容与实验实训、认证与实习就业等服务;高校以数据驱动,基于微信生态打造数字高校
● 教学管理/实验实训
● 认证与实习就业
● 数字校园服务与管理
● 数字校园环境与大数据

K12教育
面向各级各类学校及各级教育主管部门,提供移动校园智慧生态解决方案,覆盖智慧教学与安防、管理与办公等
● 智慧教学与安防
● 智慧管理与办公
● 智慧家校与媒宣

图 8-1 腾讯智慧教育全景

利用 AI 智能分析和文本识别等技术,腾讯为校园打造了一系列智慧教育应用,如智能阅卷、作业批改、口语测评和课堂质量分析等,有利于推动校企合作,帮助校园进行数字化升级。只有营造一个积极向上的智能环境,才能找到适合学生发展的教学方法,为学校教育提供新的途径和策略。

腾讯智慧教育为学校提供了一个"互联网+校园"的智慧生态解决

方案,如图 8-2 所示。

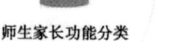

**图 8-2　"互联网+校园"**

部分家长可能因为工作忙碌无法及时关注学校的活动信息,无法了解孩子的基本动态,考虑到这一点,腾讯研发了智慧消息功能,如图 8-3 所示。

**图 8-3　智慧消息**

将校园信息与微信企业号相联合,可以每天无限量定时发布校园信息,并实时进行校园数据分析跟踪,确保每一位家长都能及时关注学校信息,方便快捷。同时,智慧消息还具有信息保密功能,不支持校外查看,精准送达的同时还保护了校园信息的安全,为每一名学生提供安全的成长环境。

专家指点充分利用 AI、大数据和物联网等技术,腾讯教育将科技与常规教学模式相结合,进行多维度的教学分析,为学生提供了高质量的课堂,也为学校管理和老师教学减轻了负担,营造了一个智能、安全和便

# 第八章　教育信息化的重要创新之智慧教育研究

捷的校园。智慧学习功能是指学生在手机移动端可以一键查课表、成绩学分或者空自习室等校园数据,并且可以实现手机无线解决课程考勤问题,如图 8-4 所示。智慧学习可以将数据精确定位到每一个学生,包括他们的上课状况、自动完成课堂点名状况和学生听课质量评估等。这种模式推动了学习方式的改革和教学模式的创新,提升了课堂检测的效果,而且使学校班级建设更加全面化和智能化。

腾讯智慧校园的优越性还体现在它为学生打造了一套包括教学和生活上的全线式校园生活,如图 8-5 所示。利用微信,它可以解决所有的校园缴费,如学费等。

图 8-4　智慧学习

图 8-5　智慧生活

另外，智慧生活还为学生提供了一个统一的社团活动平台，在没有外界社会信息的干扰下，为学生打造了一个纯净的活动交流中心。

腾讯在人工智能的基础上实现了教育与实践的充分融合，给学校带来了实实在在的改变，推动了教育信息化的发展。

2. 钉钉智慧校园

为培养学生个性化的学习能力，提高学生的竞争力，钉钉以数据作为核心生产资料，实现了校园与数字化服务的全面融合，搭建了软硬体化的智能学习平台，实现了教育业务的统一管理。

钉钉的数字化功能体现在帮助老师简化了事务性琐碎的流程，如调课和代课等基本业务。系统会根据老师需要调节的课程智能推荐可调课程，解决了老师找人难的问题，极大地节约了时间。

另外，系统还会对学生近期的学习状况做出总体评价。同时，也帮助家长更清楚地了解孩子的学习状况，为老师教学决策提供数据依据。

除此之外，钉钉还提供了刷脸打卡和学生进出校门手机实时提醒功能，有利于家长有效地掌握孩子动态。

AI赋能下的钉钉，为校园管理提供了一站式的管理解决方案，实现了智慧校园的高效运转，为全体师生带来了全新的校园体验。

(二) 软硬一体的教育设备

从顶层设计来说，智慧教育包括两方面的内容，即智慧课堂和校园治理，也就是软件和硬件的结合体。在以人工智能技术为核心的新一代学习空间内，可以实现多方教育资源的优化配置，从而为学生提供更好的教育设备，帮助学生更好地学习。在智慧校园建设中可以配备软硬一体的教育设备，如AI校园门禁管理、AI食堂消费系统、AI自助借还书机、AI校园远程管理等。

以AI校园远程管理为例，为了方便家长关注孩子成长的每一个瞬间，学校可以根据需求配备智能远程摄像头，让家长随时都能关注孩子的上课状态。

搭载了人工智能技术的远程摄像头具有以下三大优点。

(1) 有助于打造透明教学，让家长关注孩子在校园的真实生活，没有观看人数限制。

(2)智能远程摄像头具有记忆存储功能,可以随时调取,智能远程摄像头为校园纠纷提供依据,也方便学校或家长剪辑精彩片段,留作回忆。

(3)具有安全权限管理功能,家长只能观看自家孩子所在班级教学情况,充分保护了其他孩子的隐私,有利于校园形象的提升。

（三）智慧校园建设

1. 校园数据规范建设

针对智慧校园建设规划,必须建设规范化的校园数据。众所周知,智慧校园建设过程中,数据信息的规范化是不可缺少的,也是最为主要的,更是智慧校园建设的基础。只有确保数据规范,才能够保证智慧校园系统的顺利建设。针对智慧校园建设,应按照最新的数据标准,对其进行搜集以及管理。针对高校阶段的教育教学专业进行分门别类,从而更好地完成数据整理工作,确保系统内数据信息的交互良好,避免形成信息孤岛。与此同时,通过进行规范设计,达到数据的统一标识,便于建立更加完善的校内教育标准数据库。

2. 资源库的共享建设

完成校内资源库的共享建设。众所周知,校园内部共享资源库担负着各个独立的模块系统数据共享,更是整个智慧校园建设的中心枢纽。只有确保信息同步,才能够保证智慧校园建设的高质量。在此过程中,通过将校园内部的基础数据进行整理和搜集,组建公共数据库。通过收录师生的基本信息,建立师生信息库。同时,对教师的授课计划、考勤等信息进行录入,建立教学模块。此外,通过对校内的设备、资产、财务金融等信息进行收录,建立校内物资盘点模块。这些模块信息都能够为智慧校园建设提供有效的数据支持。在建设过程中,逐步的确保各个模块之间形成接口,尽可能运用统一软件开发商,提升不同软件的兼容效果,便于集中管理。

3. 身份认证体系建设

由于大学生都已经成人,可以采用统一身份信息录入的方式,建设健全的校内身份认证体系。根据校内门户网站使用者的身份、部门、职务范围,对其划分成不同角色,并划分其所属的权利权限,这样更简化了管理,提升了智慧校园建设的整体质量以及效率。通常来说,针对高校智慧校园建设,常见角色包括学生、各科教师、班主任等。在用户使用身份信息登录后,可以按照自身权限,完成相应的操作以及数据查询。

4. 校园门户平台建设

针对高校门户平台的建设,主要基于校内应用系统的基础上,对其服务窗口进行展示。校园门户平台可以提供各类系统的接入,支持用户的自定义功能,突出用户的个人喜好,设置不同的主题以及信息内容检索。校园门户平台的建设是智慧校园的门面以及展示,也是当代智慧校园的综合表现,可以支持多重方式登录,而无须第三方软件的介入,就能够完成操作,从而更好地满足用户的实际需求。

## 二、智慧图书馆

### (一)智慧图书馆的概念

智慧图书馆是以高质量的信息资源为核心,通过高素质馆员的支撑与用户的协同感知,借助高科技手段和智慧化建筑,实现对数字图书馆和个性化的信息、知识服务的提升和推动,它是数字图书馆发展的更高级阶段,是集资源、技术、人才、服务、建筑为一体的智慧化集合体。

### (二)智慧图书馆的功能

智慧图书馆实现的是管理和服务的智慧化。由于图书馆的管理和服务大多是融合在一起的,比如对自习座位的管理,同时也是对上自习读者的管理,所以下面以各个基本功能为类别,从技术的角度,分别探讨在智慧化阶段应该实现什么功能。

智慧图书馆的功能,是与智慧图书馆的定义和特点密不可分的。智慧图书馆的功能,主要分为几个方面:一是图书馆管理的功能,智慧图书馆能提供一种全新的智慧化的管理模式;二是图书馆的服务功能(借还书服务和空间服务),智慧图书馆的服务模式是智能化、泛在化和个性化的。

(三)智慧图书馆建设

1.智慧图书馆的建设原则

(1)以人为本,服务用户

现代信息技术的不断更新升级使得人类现有的知识体量急剧扩展,学习周期不断缩短。若要与高速发展的信息社会保持同一频率,每个人必须不断将已知信息及时转换为自身可以了解、可以使用的知识,并不断淘汰过时信息与知识。相应的,智慧图书馆所要做的也应该是为帮助每一位用户拥有此种能力而努力。若将图书馆用户按信息素养高低来划分,一方面是简单了解或不了解现代信息技术,但有一定知识学习诉求的用户群,可以称为学习者群体。另一方面是能熟知现代信息技术理论,并能熟练运用于日常科研学习中,在某一或某些知识领域有特定的、专指的深度知识需求的用户,可以称为研究者群体。

智慧图书馆在面对这两类用户时要确定的原则就应该是——以人为本,服务用户。即让图书馆的使用价值跳出传统的存储、借阅等层面。让图书馆通过分析数据,发现潜在的问题,区分出共性和个性的需求。

在共性需求方面,针对学习者可以熟练掌握图书馆提供的信息工具,完善信息素养,培养其独立发现、解决问题的能力为基本目标;对于研究者以在更少的使用时间内,令用户获得更丰富、更准确的信息资源,提供更加有效、简洁的信息工具辅助其更好地完成研究对象为基本目标。

在个性需求方面,可以基于定期采集的用户数据和统计资料,为不同类型的用户提供具有定制化,人性化的相关资源。同时也要在综合两种需求的基础上进一步制定出体系化的解决方案。

(2)降低门槛,强化功能

从互联网进入每个人的生活以来,各种类型的用户根据自身实际情况对互联网提出越来越多的诉求,而以用户为导向的互联网商用技术越来越成熟,以微信、微博、抖音为代表的社交软件更是占据了绝大部分人在移动终端上的使用时间。这些社交软件为人们营造出了一个个区别于现实生活的社交场所,这种线上社交已经逐渐成了生活在信息时代人们的一种独特的生活方式。以往需要通过语言交流、浏览实体文献来提升认知、拓宽视野的传统方式已经逐渐被各种类型的社交软件所取代。社交软件之所以能在互联网浪潮中始终占据一席之地。

究其根本,一方面是社交软件提供了十分丰富并且强大的功能,用户要的不是简单的功能叠加,而是切实能够解决他们需求的存在。社交软件在长期的应用中积累了海量的反馈数据,并以此归纳出数据背后的真实需求,根据用户在通信、社交、支付、娱乐等不同方面的要求,有针对性地开发出最贴合用户实际的功能。

另一方面,社交软件对于大众的使用门槛极低,绝大多数软件只需要一部手机和一条短信验证码就能开始使用,并没有想象中烦琐的操作流程。反观现阶段的图书馆在用户的既有印象中多数都没有突破储藏场所、阅览场所、自修场所的情景设定,当使用图书馆时也是围绕这三种场所延伸出的需求而开展的。当用户有更高层次、更加专指的资源需求时,往往因为不了解具体的使用流程或使用要求较高,转而去寻求诸如百度、Google等社会检索工具的帮助,进而使得互联网数据库成为大众获取信息、知识的主要方式。

在与互联网背景下众多新型信息媒介的竞争中,图书馆在很多方面确实处于不利地位。但图书馆在版权方面、资源权威性、历史性资源方面却拥有得天独厚的优势。因此怎样缩短用户与资源之间、用户与用户之间的距离,如何让图书馆成为低门槛的功能性场所是能否让这种优势得到最大程度发挥的关键所在。

(3)突出试验,启迪创新

我国著名物理学家冯端院士说过:"实验室是现代化大学的心脏"。自现代意义的大学建立以来,不管是理论体系的总结还是实体成果的发明,都不可否认实验室为这些学术成果的诞生做出了突出的贡献。实验室无论是在学术研究还是在培养创新精神方面都具有无可比拟的地位。然而面对基数庞大的民众群体,社会教育这一重任仅靠大学、研究院等教学科研机构发几篇文章,做几个项目是远远不够的。目前我国的教育困境是缺乏创新意识,各个阶段的学生总是过于相信书本,被动地接受知识,从教师到学生,始终接受的是第二手的知识。

长此以往,无论是教育行为的发起者还是接受者,都一直停留在已有的知识层面,因而导致了创新意识的缺失。图书馆作为除学校外另一个重要的教育主体,也应积极该参与到社会教育这一事业中来,要努力向实验室体系看齐,之所以要这么做是因为不同于科研机构,图书馆具有普惠性,没有对用户群体的年龄、所从事的工作等方面加以限制,无条件地向任何有需要的人提供馆内一切资源。图书馆空间应该是一个室内实验室,无论是学生、研究人员还是企业家都可以在此开发,测试和展示他们的智慧技术,分析收集到的数据并指引相关项目的开展。

这样的好处是,当服务正处于提升认知年龄段的学生群体用户时,若图书馆能发挥和实验室一样的功效,让他们自主地发现问题、分析问题、解决问题,便能够使他们从小埋下了独立思考的种子,才能在以后的实践中更好地让这种思维开花、发芽,最终在长期的学习生活中逐渐发育成创造思维。另一方面对于非学生用户群体,通过形成和实验室一样的求知氛围,让这类用户被这种气氛所吸引,通过引人入胜的学习过程,对存在的问题能够质疑,敢于质疑,这样才会对反复思考后获得的知识留下更深刻印象,使形成的智慧更好地为自身所用。

(4)打造"智慧"共同体

智慧图书馆不是一个孤立的个体,它是"智慧城市"理念下的产物,也是未来智慧格局的重要组成部分。所以智慧图书馆的建设应考虑到体系问题,不能只突出智慧图书馆个体的作用,而忽视了智慧图书馆在整个智慧体系布局中的定位。智慧图书馆是与用户相连接的资源媒介,图书馆一直以来在资源体量和权威性方面有着无可比拟的优势,所以智慧图书馆要切实发挥这种优势,要"智慧城市"环境下尽可能多地为用户提供知识获取途径,有效引导民众高效率地获取、使用知识以适应智慧时代下社会的快速变化。同时也为用户打造学习、交流和创新的融合空间,培养其创新能力。

智慧图书馆也是智慧城市的又一重要教育场所,智慧图书馆能以全天候、无门槛的特征实现对学校教育的衔接和补充。所以智慧图书馆在建设时,除强化自身功能外,也要推动以图书馆、博物馆为主体的文化系统与以中小学、本专科高等院校为主体的教育系统的联合,有效借鉴智慧图书馆实践经验,共同形成智慧发散、交流创新、共享包容的"智慧共同体",促使用户群体完成向"智慧公民"的转变。

## 2. 智慧图书馆的建设方案

### (1) 功能构建

图书馆在这一阶段应该将部分较为成熟的技术做出整体规划，并有序地投入到图书馆的日常实践中，同时重点研究新一代信息通信技术应用于智慧图书馆建设的可能性，归纳出有助于智慧图书馆建设的相关技术，并在实践中做好反馈、评估工作。这些实践可以包括如下几种。

第一，利用已有的数据库，已建成的数字图书馆和阅读器在内的数字化设备，个人计算机、便携电脑、平板电脑、手机等移动终端，3D打印机等智能设备简化信息资源的创建和获取。

第二，利用智能照明系统、温度调节系统、空间规划系统等建筑物信息管理系统或建筑信息模型对馆体建筑物进行高效、持续性的有效管理。

第三，利用射频识别、计步器等感知设备实现对书目资料、图书馆软件的分配使用，改善图书馆的运行和流通机制。

第四，利用社交媒体、自动化的全渠道营销、体验评估画面等方法完成与用户的交互。

第五，利用电子游戏、沉浸式技术（VR或AR）等富有吸引力和创新性的设备提供基于图书馆本位的用户体验。

### (2) 框架构建

图书馆在经过上一阶段的建设已具有初步的智慧形态，可以向用户提供更具有针对性的功能，相关技术设备达到完备状态，面向智慧图书馆的实践继续稳步进行。为使其能够不断优化相应的功能服务，智慧图书馆需要构建与该阶段适配的框架结构，以稳定的框架对智慧图书馆实施有效的管理。其框架组成包括：

物理基础设施：在馆内部署可以通过局域网络、无线宽带访问，能够实时收集人员情况、动作行为及建筑物情况等重要信息的传感器体系。

电子信息平台：整合软硬件功能后的管理平台能够提供类似仪表盘式的信息展示，既可以体现借阅指数或馆藏指数，还可以表示图书馆中正在发生的实时情况。

数据处理系统：将通过基础设施中的传感器所捕获的数据及移动端生成的数据，上传到本地服务器、云端服务器或智慧城市管理平台，并进行集中分析处理，从而对决策和具体实施做出适时调整。

目前,针对智慧图书馆的框架构建以区块链技术为初步构想,区块链可以有效促进智慧图书馆进行点对点模式的资源共享,不仅可以通过区块链技术提供书籍,也可以帮助图书馆验证不同工具或服务的可用性,以实现更高效的共享发展;同时建立去中心化的机构合作关系,通过区块链框架共享 MARC 记录,操作权限和用户生成的相关内容以实现图书馆可以与博物馆,大学和政府机构合作。

(3)生态构建

图书馆在经过技术铺垫和框架构建后,已大体具备智慧图书馆预想的各项特征和各类功能,为保证智慧图书馆在面临潜在的突发情况和未来的复杂形势时,能够及时做出反应并保持常态化发展,就需要在长期阶段构建属于智慧图书馆的生态系统。这种生态系统的表现包括:

第一,智慧图书馆成为智慧城市的信息枢纽,这种信息枢纽旨在通过降低对各类信息资源的访问权限以提高和改善公民的信息素养,能够以实用且具有前瞻性的方式向用户提供对信息问题的解决方案,从而使现代图书馆提高服务质量。

第二,各种信息资源能够在不同馆体和用户之间进行无障碍流动,专指度更高、指向性更强的个性化资源将成为智慧图书馆的常态资源。

第三,技术指标稳步提升,更具通用性、模块化的技术设备将得到大量运用,使馆体以更加多样化的形式出现在用户面前,根据不同情境、需求提供相应的解决方案。

第四,各项智慧设备将更具包容性,在发挥功能的同时也为下一代图书馆的改进和升级预留技术空间。

第五,人的价值将得到更大的彰显,智慧图书馆将形成人文与科技的共生融合,"以人为本"的理念将始终蕴含在每一项智慧设备的工作中,始终贯彻在智慧图书馆的日常运行中,使得各种个体在智慧图书馆生态系统内实现良性的交互循环。

(四)智慧图书馆信息资源管理

1. 建立、健全协调机制

图书馆应建立全国统一的协调机构。动员社会各界力量,在政策调控和宏观调控方面得到政府部门的支持。借助信息产业和科研院所的建议，与软件厂商和供应商充分合作，开发智慧图书馆资源，以达到预期的效果。使用协作策略可以避免浪费资源和创建重复项，同时避免因规范和标准不一致而造成混淆。

2. 加强人才的培养与引进

智慧图书馆的发展依赖于人才，对于人才的选拔、培养与引进应成为日常工作的重点之一。智慧图书馆要保证其人力资源是丰富的、多层次的，并制定科学合理、契合实际的人才培养计划，帮助形成一批拥有专业素质和人文素养的信息资源管理专家。除了必要的计算机学习和外语技能，还要掌握本学科的最新信息，使图书馆工作人员成为信息向导。

3. 加强数据库建设

建立数据库是智慧图书馆的核心部分。智慧图书馆决策者应谨慎购买资源，并以积极的心态构建数据库。应有综合规划部门，统筹协调数据库结构的发展，如建立数据库指挥中心、图书馆、大型网络平台等，并且可以通过网络平台联系图书馆，为数字资源提供存储和访问接口。以大、中、小型图书馆为重点建设工作，按计划开发自己的特色数据库，最终实现跨学科、多功能数据库的通用化。创建一个非常大的数字信息资源库，价格低廉。高效分配资源，提高图书馆数据库和数据检索的效率。

4. 确保数字资源的安全

如何提高智慧图书馆信息化资源的安全性是一个值得关注的问题，尤其是在数字文档存储管理的过程中，由于各种原因，很容易造成数字资源的外泄。首先，需要将注意力集中于系统的加密等问题上，比如安装防火墙。其次，可以运行诊断程序去检测系统是否存在危险因素。另外，为了防止当前系统突然出现问题导致之前的存储毁于一旦，可以采取备份系统等应急措施，这样便能保证数字资产可以长期安全存储。

5. 做好设施服务建设

一要建立四通八达的网络通道去连接各个智慧图书馆。这一过程中,最关键的问题在于如何保证数据、信息的稳定传输,毕竟每时每刻,这一网络通道上都会聚集数量庞大的多媒体数据,如果不够稳定,就无法保障这些数据能以最快的速度去进行交换和传输。因此,应该考虑更换服务器,选择快速高效的设备,通过专注于设备模块来促进扩展。

二是操作系统必须选择功能齐全的产品去满足不断增长的存储和带宽需求,毕竟我们身边的信息每天都在爆炸式递增,如果信息存储的空间不够,或无法达到理想中的传播速度,就会极大地削弱智慧图书馆的价值。另外,还要注意图书馆电子阅览室的环境建设,改善硬件措施,调节室内温度,为阅览者提供舒畅随意、轻松自然的氛围。提供存储和访问接口。以大、中、小型图书馆为重点建设工作,按计划开发自己的特色数据库,最终实现跨学科、多功能数据库的通用化。创建一个非常大的数字信息资源库,价格低廉。高效分配资源,提高图书馆数据库和数据检索的效率。

6. 加强智慧图书馆知识产权保护

目前,我国在文字、文献版权方面的相关法律法规还不完善,图书馆作为人类社会发展的"智慧库",应该参与到修改、完善版权法的过程中去,并发挥积极的作用。通过参与我国著作权法的修改等活动,我们应该寻找有助于创建智慧图书馆资源的法律条款。在公益服务方面,主张扩大合理使用的范围,使版权可以在新的数字和网络环境中为公众服务。

网络环境中的数字数据可以快速、轻松地复制,这导致了版权保护的一些问题,因此,对此类信息的技术保护必不可少。当今最常见的技术措施是访问控制技术、数据加密技术、数字水印技术等。这些技术无疑为人们创造出了一道安全屏障,要知道网络环境是很复杂的,可能存在各种各样的危险因素,而利用这些技术,却能有效过滤、阻隔这些危险因素,使得档案利用者能更安全地浏览数字信息及文档;有些珍贵的数字信息及文档在这些技术的保护下也很难被私自盗用、窃取。除了技术方法,相关法律法规还有待完善。相关人员要加强图书馆之间的联系,增进其相互间的合作,加强智慧图书馆资源创建中的知识产权保护。

7. 建立统一的分类、索引及检索标准

分类和索引是数据提取的基础,以实现对后期发展的可扩展性和快速识别。因此,必须建立相同的分类标准。不同类型的数据,需要在各种高级检索技术中进行不同的定义,包括中文数据提取、图像提取、音频提取和智能提取,提高以数字格式检索信息的准确性和便利性。

## 第三节　智慧教室与智慧实验室

### 一、智慧教室

智慧教室,又称"未来课堂",是随着以物联网、云计算、大数据为代表的新一代信息技术在教育领域中的应用而出现的一种典型的智慧学习环境,是多媒体教室和网络教室的高端形态。

(一)智慧教室建设

1. 智慧教室建设原则

师生对智慧教室的需求涉及方方面面,既包括桌椅、网络等基础设施,又包括显示大屏、终端投放等教学设施,还包括随时互动、及时反馈等相关软硬件系统功能。这些需求涉及范围广、功能要求多,将其进一步系统分析,为保证智慧教室的整体性能以及最大限度的服务师生和方便管理者,在系统科学理论的指导下,智慧教室建设标准的设计应遵循以下原则。

(1)要素齐全,结构合理

智慧教室建设既要符合国家政策对智慧学习环境的要求和规定,又要与已经出台的智慧校园总体框架相呼应,还要与地区经济社会发展水平和教育发展水平相适应,由上至下建立一级指标、二级指标以及三级指标,使整个标准体系拥有良好合理的结构。除此之外,各级指标之间要避免重叠或者遗漏,不仅要明确各指标的含义和作用,而且所有指标集合在一起要涵盖智慧教室建设的各方各面。

(2)功能多样,科学可靠

功能多样是指建成的智慧教室应符合"SMART"概念模型,具备且不限于内容呈现、环境管理、资源获取、及时交互和情境感知功能,满足各类用户的使用需求。科学是指所有指标既要符合相对应的国家标准,又要是智慧教室建设过程中可以明确建造的;可靠是指依照标准建造的智慧教室是稳定、安全和可靠的,同时可以为教学全过程提供稳定、高效率、高品质的支持。

(3)指标明确,操作性强

一方面,设计建设标准的目的在于对智慧教室建设全过程进行指导,各指标的选择尽量是可以测量和比较的,便于建设过程中的实际操作。另一方面,要根据学校实际情况提出不同规格的建设标准,各高校可根据实际需求进行取舍和选择。

### 2. 智慧教室总体框架设计

在上述原则的指导下,在充分考虑高校师生教学需求的基础上,将各要素进行科学的搭配组合形成合理的结构来实现多样化的功能,结合整体的环境形成有机完整的智慧教室系统,设计出了智慧教室的总体框架。通过理论与实际的结合,使得智慧教室建设标准的构建兼具理论性和可操作性,涵盖教室建设的各个方面,如图 8-6。

总体框架分为以下四大部分:一是基础设施;二是业务应用,这两部分提供硬件和软件支持,用来满足教学和管理的需求;三是数据,支持对数据的处理、储存、交换等功能;四是终端用户,这四类用户是智慧教室的使用者。在总体框架之下,各部分要素齐备、结构有序、功能多样,形成一个有机整体。

(1)基础设施

基础设施为智慧教室的应用提供硬件设施支持,包括以下几方面。

①教室基础设施:指在教室中开展教学所需的物质条件、设施、设备的总和。

②多媒体教学设施:指教学过程中使用的多媒体及其控制设备。

③控制设备：指按实现对教室内设备进行管理、控制、运行状态监测。

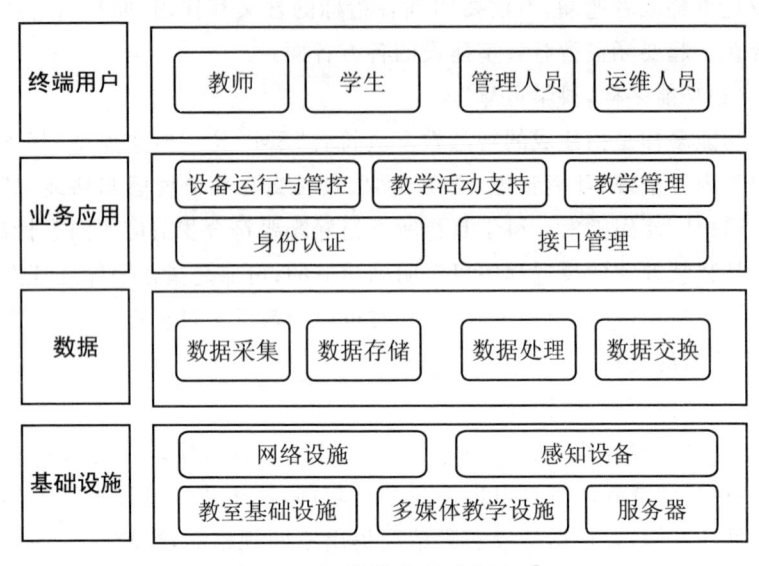

| 终端用户 | 教师 | 学生 | 管理人员 | 运维人员 |
|---|---|---|---|---|
| 业务应用 | 设备运行与管控 | 教学活动支持 | | 教学管理 |
| | 身份认证 | | 接口管理 | |
| 数据 | 数据采集 | 数据存储 | 数据处理 | 数据交换 |
| 基础设施 | 网络设施 | | 感知设备 | |
| | 教室基础设施 | 多媒体教学设施 | | 服务器 |

图 8-6　智慧教室总体框架①

④感知设备：指具有探测、传感、控制功能并能与网络进行通信的各种设备。

⑤网络设施：指组成并实现各类设备与校园网络或专用网络等连通的物理实体，是数据通信与资源共享的基础设施。

⑥服务器：指承载及运行智慧教室各类教学及管理业务应用并为相关用户提供服务的计算设备。

(2) 数据

数据要为业务应用系统的各种应用提供数据支持，包括以下内容。

①数据采集：指从智慧教室基础设施或系统中获取教学活动、教学管理与评价、设备运行、环境监测等相关数据的过程。

②数据处理：指对从智慧教室采集的数据按一定标准进行加工、转换，使之满足各类应用使用数据的需求。

③数据存储：指对从智慧教室环境及教学活动中采集的各类数据进行安全、稳定地存储及备份。

---

① 曾涛. 系统科学理论下北京高校智慧教室的建设标准研究[D]. 北京工业大学, 2021.

④数据交换:指在智慧教室各类业务应用系统之间开展数据的共享交换,实现对多源异构数据的提取、转换,为智能反馈和决策提供数据支持。

(3)业务应用

业务应用是指在智慧教室内实现教学、管理、服务的各应用的集合,应具备依据反馈信息及指令实施教学设备远程管控、构建教学应用环境,支撑开展线上线下的教学活动、提升教学服务质量与体验、实现教学全过程管理等功能,包括以下内容。

①身份认证:指对接统一身份认证体系,实现用户在智慧教室各业务应用的单点登录和分级授权。

②接口管理:指对智慧教室各业务应用系统的接口按统一标准重新封装,进行接口调用、更新和管理,实现智慧教室各业务应用系统与学校已有校园卡、教务、学工、人事等相关数据的对接,支撑各应用系统的扩展、开放、互通,实现业务的快速接入。

③设备运行与管控:指实现智慧教室内设备状态监测及管控的应用系统。

④教学活动支持:指支撑智慧教室内开展多种形式教学活动、实现教学内容展示与使用的应用系统。

⑤教学分析与评价:指基于教学活动全流程产生的数据,实施教学活动分析、展示、决策支撑的应用系统。

此外,业务应用作为智慧教室架构的核心层,其主要通过云中心平台,整合各种软件系统,促进应用系统的贯通与集成,形成统一数据环境的智能信息平台;负责智慧教室的设备与设备之间,设备与人员之间,人员与资源之间,人员与管理、服务之间的运行控制和分析计算,总控智慧教室的各项应用和服务;将现有的信息数据进行统一管理,为智慧教室提供计算、存储、网络安全等服务实现信息资源的按需分配;实现智慧教室与学校的教学类系统、教务类系统、一卡通类系统、安防类系统、资源类系统之间的互联互通和信息共享。

(4)终端用户

终端用户指应用系统最终的用户,包括教师、学生、管理人员、运维人员。

将智慧教室内部的组成要素和外部的用户环境结合在一起,可以绘制智慧教室运行的流程图。这样把智慧教室该系统的核心内容放在一起便于理解见图 8-7。

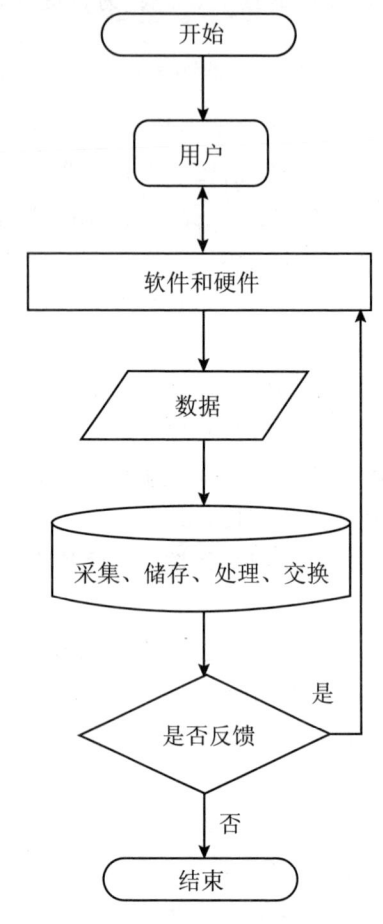

```
开始
 ↓
用户
 ↓
软件和硬件 ←──────┐
 ↓               │
数据             │
 ↓               │
采集、储存、处理、交换
 ↓               │
是否反馈 ──是──→─┘
 ↓否
结束
```

图 8-7　智慧教室运行流程图

如流程图所示,用户根据需求操作使用智慧教室中的硬件和软件,软硬件在运行过程中会产生相应的数据,这些数据将会被采集、储存、处理和交换,再根据需求呈现给各类用户,不同类型用户在收到数据之后会有不同的用途:师生会用来优化教育和学习方式,使得教学有更高的效率;运维人员会用来改进智慧教室,让其不断朝着最优化的目标改进;学校管理人员会用来完善管理方式。另外,这一过程必须符合技术规范和安全规范的相关要求。

## （二）智慧教室教学应用

连接课堂和课后学习的智慧教室教学系统，如图 8-8 所示。在课堂上，教师主要使用教学终端机与学生手持设备建立一对一互动关系，同时可调用教学云平台的资源以实现课堂控制资源管理、应答反馈、电子白板互动演示等功能，学生可通过手持设备完成获取信息、交互、反馈、分享等学习任务。在课后，教师可用教师端电脑通过教学云平台实现资源共享、任务布置与回收、在线帮助教学准备等，学生则可通过手持设备浏览教学资源（微课视频、图片、文本资源等）、上传、获取学习帮助等。

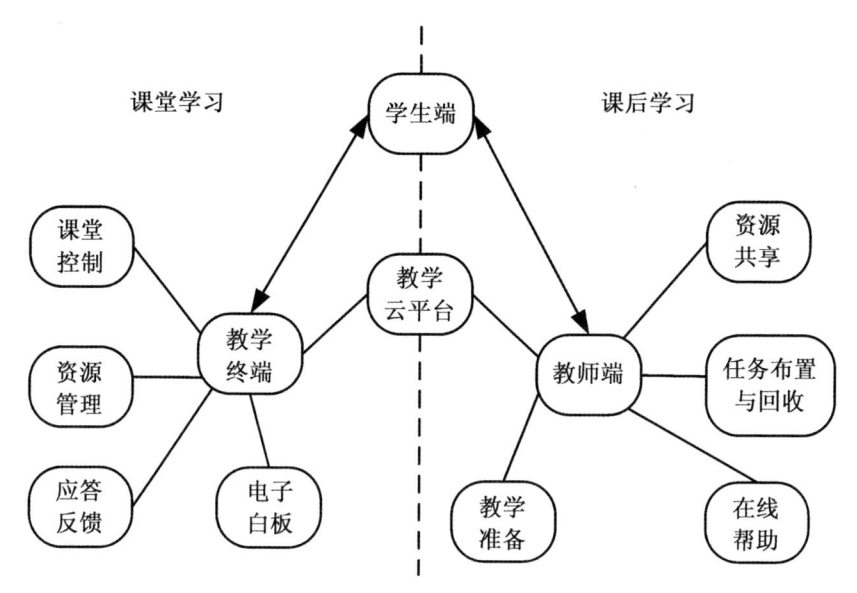

图 8-8 连接课堂学习和课后学习的智慧教室教学系统

## 二、智慧实验室

智慧实验室作为智慧校园的重要组成部分，旨在以物联网技术为核心，利用新一代信息技术为广大师生提供一个全面的智能感知实验环境和综合信息服务平台，实现实验室的智能化、安全化、可视化管理，资源的互联、人员的互动协作，以及实验室设备资源、教学资源、科研资源的高度共享。

智慧实验室层次架构模型采用类似于物联网的三层结构,从下至上依次为感知层、网络层和应用层。

(一)感知层构建

感知层依靠大量的分布于实验室中的感知设备来采集并向网络层传送各类数据信息。这些设备主要包括 RFID 设备、传感器设备以及智能 M2M 终端。

(二)网络层构建

实验室中现有的校园网、WLAN 以及移动 4G/5G 网络和为实验室定制搭建的无线传感器网络将成为网络层的主体。各网络实体之间协同工作,各显其能。

(三)应用层构建

应用层旨在构建一个多服务综合平台,实现教学管理、资源管理、环境监控等诸多应用的智慧大融合,使它们集成于统一平台上,形成开放的实验室系统。

智慧实验室系统平台可以充分地对实验教学、实验资源、实验环境及实验人员等进行可视、集中、高效地管理。

# 参考文献

[1]谭义东."互联网+"的高校教育信息化[M].北京:九州出版社,2020.

[2]张贞云.教育信息化[M].青岛:中国海洋大学出版社,2018.

[3]梁丽肖.教育信息化背景下高校管理机制探究[M].长春:吉林人民出版社,2021.

[4]马静.教育信息化背景下教师提升研究[M].长春:吉林人民出版社,2021.

[5]姚丹,孙洪波.高校教育信息化管理与学生管理工作[M].北京:中国纺织出版社,2021.

[6]王春艳,张秀萍,张启全.以智慧教育为导向的区域教育信息化研究[M].沈阳:东北大学出版社,2020.

[7]殷旭彪.当代教育信息化理论与实践研究[M].北京:中国书籍出版社,2018.

[8]教育部科学技术司编.教育信息化优秀案例集[M].武汉:华中师范大学出版社,2018.

[9]刘凤娟.区域基础教育信息化推进路径研究[M].成都:西南交通大学出版社,2019.

[10]樊旭,梁品超.高等教育信息化建设与人才培养模式研究[M].长春:吉林人民出版社,2019.

[11]黄贤明,梁爱南,张汉君."互联网+"背景下高等教育信息化的改革与创新研究[M].长春:东北师范大学出版社,2018.

[12]范福兰.我国教育信息化实证测评与发展战略研究[M].武汉:华中师范大学出版社,2018.

[13]尹新,杨平展.融合与创新高校教育信息化探索与实践[M].长沙:湖南科学技术出版社,2018.

[14]谢素鑫,叶鸣飞,王华.21世纪高等职业教育信息化数字规划教材 高等数学上(第2版)[M].上海:同济大学出版社,2020.

[15]李珩.万物智联与万物安全丛书教育大数据开启教育信息化2.0时代[M].重庆:重庆大学出版社,2019.

[16]黄立志.开放与远程教育学[M].北京:企业管理出版社,2019.

[17]黄正明.远程教育教程[M].北京:北京交通大学出版社,2017.

[18]刘少伟.现代远程教育学习导引[M].东营:石油大学出版社,2017.

[19]余善云.远程教育创新研究[M].成都:西南交通大学出版社,2015.

[20]刘和海,宋灵青.数字化学习[M].芜湖:安徽师范大学出版社,2019.

[21]陆芳,刘广,詹宏基,张宁宁.数字化学习[M].广州:华南理工大学出版社,2018.

[22]严冰,单从凯.数字化学习资源[M].北京:中央广播电视大学出版社,2015.

[23](美)威廉·霍顿著;吴峰,蒋立佳译.数字化学习设计[M].北京:教育科学出版社,2009.

[24]罗桂琼.高校移动学习平台的设计[M].长春:吉林美术出版社,2018.

[25]夏丽雯,张敬,李辉熠.基于数字媒体技术的移动学习设计与优化[M].重庆:重庆大学出版社,2020.

[26]李青.移动学习设计[M].北京:中央广播电视大学出版社,2015.

[27]解敏,李睿.空间信息技术实验系列教材移动学习应用实验教程[M].武汉:华中科技大学出版社,2019.

[28]冷静.翻转课堂的基础理论与高校教学实践[M].厦门:厦门大学出版社,2021.

[29]梁哲.翻转课堂校本化研究[M].长春:吉林人民出版社,2019.

[30]刘致中.智慧教育课堂实践[M].西安:西北大学出版社,2019.

[31]及小东,吴天飞.智慧教育与教育智慧:优学派支持下的精准教与学[M].成都:四川大学出版社,2021.

[32]张一笑.智慧教育[M].太原:山西经济出版社,2007.

[33]周成明.智慧教育论[M].北京:教育科学出版社,2008.

[34]顾小清.面向信息化的教师专业发展行动学习的实践视角[M].北京:教育科学出版社,2006.

[35]杨在宝.教育信息化与教师专业发展[M].北京:中国商务出版社,2018.

[36]胡来林.现代教育技术面向信息化的教师专业发展[M].北京:电子工业出版社,2007.

[37]马静.教育信息化背景下教师提升研究[M].长春:吉林人民出版社,2021.

[38]陆建国.区域教育信息化建设实践与思考[M].上海:上海远东出版社,2007.

[39]段宝霞.教育信息化投入与产出研究[M].北京:中国档案出版社,2006.

[40]王青逯.教育信息化理论研究与实践探索[M].长春:吉林人民出版社,2007.

[41]张敬涛.教育信息化实用技术指南[M].北京:中央广播电视大学出版社,2001.

[42]朱一军,殷伯明等.常用教学资源质量规范与教育信息化标准指南[M].珠海:珠海百年电子音像出版社,2007.

[43]杨波.信息技术教学与创新[M].广州:广东人民出版社,2018.

[44]曲艳红.基于信息技术的教学方法[M].哈尔滨:哈尔滨工业大学出版社,2015.

[45]李豫颖.信息技术教学论[M].厦门:厦门大学出版社,2008.

[46]师书恩.信息技术教学应用[M].北京:高等教育出版社,2004.

[47]张会丽.教育信息化2.0时代的智慧教学新探索[M].长春:吉林科学技术出版社,2019.

[48]陈琳,陈耀华.教育信息化概论[M].北京:科学出版社,2021.

[49]张贞云.教育信息化[M].青岛:中国海洋大学出版社,2018.

[50]夏翼,马春红,王林浩.信息技术[M].北京:航空工业出版社,2020.

[51]徐燕,伏振兴,李兆义.信息技术与现代教育手段[M].北京:阳光出版社,2018.

[52]潘庆红,陈世灯,吴大非.现代教育技术[M].北京:中国铁道

出版社,2018.

[53]陈广侠.网络环境下远程教育教学管理与改革研究[M].北京/西安:世界图书出版公司,2018.

[54]孙建平.现代信息技术冲击下的教育变革[M].哈尔滨:北方文艺出版社,2020.

[55]李世荣,穆晓芳,赵鹏.现代教育技术[M].北京:清华大学出版社,2020.

[56]田春艳,何春钢.现代教育信息化理论的整合与创新研究[M].西安:西安交通大学出版社,2018.

[57]姜永生.信息化教学概论[M].北京:中国铁道出版社,2018.

[58]陈娟.信息技术与课程教学深度融合研究[M].北京:中国铁道出版社,2017.

[59]钱峰.信息技术与课程整合[M].南昌:江西高校出版社,2019.

[60]赵可云.信息技术与课程整合[M].北京:中国社会科学出版社,2020.

[61]孙惠敏,李晓文.翻转课堂我们在路上[M].杭州:浙江大学出版社,2018.

[62]刘致中.智慧教育课堂实践[M].西安:西北大学出版社,2019.

[63]杨红云,雷体南.智慧教育物联网之教育应用[M].北京:华文出版社,2016.

[64]谢爱莲.数字校园网助力立体化教材建设与实践研究[J].通讯世界,2018(4):282-283.

[65]蔡宝来.信息技术与课程整合研究进展及未来走向[J].课程·教材·教法,2018,38(8):133-143.

[66]陈耀华.提升教师信息化教学力的中国路径及优化发展[J].中国电化教育,2020(12):99-104.

[67]陈琳,许林.新时代教育信息化2.0发展策略研究[J].中国电化教育,2021(1):96-101+127.

[68]唐瑗彬,石伟平.教育信息化2.0时代的职业院校教师专业发展路径研究[J].中国职业技术教育,2020(21):46-53+61.

[69]田欣雨.师范生信息素养评价及培养研究[D].黄石:湖北师范大学,2021.

[70]孙朝霞,陈丹燕.现代远程教育学习支持服务研究述评[J].职

教论坛,2021,37(10):113-120.

[71]陈丽雯,陈耀华,陈琳.以现代远程教育提升教育公平的政策支持和实践[J].现代教育技术,2018,28(11):80-85.

[72]蒋丹."互联网+"背景下现代远程教育存在的问题及对策研究[J].中国管理信息化,2020,23(23):218-221.

[73]赵宏,陈丽,王小凯,等.现代远程教育政策发展脉络及问题分析[J].中国远程教育,2021(8):12-20+76.

[74]李笑非,欧阳唯能,郑长宏,等.数字化学习环境下"未来课堂"建设的问题与对策[J].教育科学论坛,2018(34):5-10.

[75]郭建鹏.翻转课堂教学模式:变式——统一——再变式[J].中国大学教学,2021(6):77-86.

[76]顾小清,杜华,彭红超,等.智慧教育的理论框架、实践路径、发展脉络及未来图景[J].华东师范大学学报(教育科学版),2021,39(8):20-32.

[77]祝智庭,彭红超.技术赋能智慧教育之实践路径[J].中国教育学刊,2020(10):1-8.

[78]谢幼如,黎佳,邱艺,等.教育信息化2.0时代智慧校园建设与研究新发展[J].中国电化教育,2019(5):63-69.

[79]祝智庭,许秋璇,吴永和.教育信息化新基建标准需求与行动建议[J].中国远程教育,2021(10):1-11+76.

[80]李冀红,万青青,陆晓静,杨澜,曾海军.面向现代化的教育信息化发展方向与建议——《中国教育现代化2035》引发的政策思考[J].中国远程教育,2021(04):21-30.

[81]陈琳,文燕银,张高飞,毛文秀.教育信息化内涵的时代重赋[J].电化教育研究,2020,41(08):102-108.

[82]谢幼如,常亚洁.绩效导向的教育信息化评价模型的构建[J].中国电化教育,2015(01):56-61+92.

[83]王瑛,郑艳敏,贾义敏,任改梅,周晓清.教育信息化资源发展战略研究[J].远程教育杂志,2014,32(06):3-14.

[84]王竹立.我国教育信息化的困局与出路——兼论网络教育模式的创新[J].远程教育杂志,2014,32(02):3-12.

[85]郑云,翁建新,杨卫华.教育信息化背景下教师核心素养的重构[J].继续教育研究,2022(11):47-51.

[86]黄荣怀.论科技与教育的系统性融合[J].中国远程教育,2022(07):4-12+78.

[87]伏蓉,包磊,孙淑艳,菅光宾,武咏梅,徐万东.基础教育信息化应用研究与案例[J].中国电化教育,2020(10):121-133.

[88]尉小荣,李昊龙,邓柳,吴砥,徐建.基础教育信息化应用指数及区域差异分析[J].电化教育研究,2020,41(03):114-121.

[89]钟苇笛.教育信息化背景下中小学教师专业发展提升策略[J].中国电化教育,2017(09):125-129.

[90]张进宝,梁跃.教育治理现代化语境下教育信息化公共服务体系的重构[J].中国电化教育,2016(04):7-13+51.

[91]何克抗.教育信息化发展新阶段的观念更新与理论思考[J].课程.教材.教法,2016,36(02):3-10+23.

[92]李运林.教育技术学科发展:走进信息化教育——五论信息化教育[J].电化教育研究,2015,36(02):5-11.

[93]曾涛.系统科学理论下北京高校智慧教室的建设标准研究[D].北京工业大学,2021.